KB275171

모든 고민은 인간관계에서 비롯된다

모든 고민은 인간관계에서 비롯된다

초판인쇄 · 2025년 12월 20일
초판발행 · 2025년 12월 27일

지은이 · 최영원
발행인 · 조현수
펴낸곳 · 도서출판 프로방스
기　획 · 조용재
마케팅 · 최관호 최문섭

주　소 · 경기도 파주시 광인사길 68 , 201- 4호
전　화 · 031-925-5364, 031-942-5366
팩　스 · 031-942-5368

이메일 · provence70@naver.com
등록번호 · 제2016-000126호
등　록 · 2016년 06월 23일

정가　18,500원
ISBN: 979-11-6480-407-8 (13190)

파본은 구입처나 본사에서 교환해드립니다.

복잡한 세상을 단순하게 살도록 해주는 쇼펜하우어의 철학

모든 고민은 인간관계_{에서} 비롯된다

최영원 지음

프로방스

행복은 오직 나로부터 시작된다

우리가 가장 많이 고민하는 일은 결국 사람과의 일입니다. 사랑, 가족, 친구, 직장 동료, 그리고 SNS 속 낯선 인연까지 관계는 늘 우리를 설레게도 하지만, 동시에 지치게 만듭니다. 가까워질수록 상처가 깊어지고, 이해받고 싶을수록 오해가 커집니다. 사람과의 거리는 언제나 모순적입니다. 너무 멀면 외롭고, 너무 가까우면 아픕니다.

저 역시 그 모순 속에서 오래 방황했습니다. '좋은 사람'이 되기 위해 애쓰고, 모두에게 인정받으려다 어느 순간 나 자신을 잃어버렸습니다. 그러던 어느 날, 쇼펜하우어의 문장이 제 마음을 멈춰 세웠습니다.

"자기 안에서 행복을 찾는 것은 어렵지만, 그 밖에서 찾는 것은 불가능하다."

냉소처럼 들렸지만, 그 문장은 제게 해방이었습니다. 타인에게서 행복을 찾으려 했던 제 모든 노력이 헛된 것이었음을 깨달았습니다. 사람 때문에 힘든 것이 아니라, 제가 사람에게 너무 많은 의미를 부여했기 때문이었습니다. 그때부터 저는 인간관계를 단절이 아닌 '거리의 문제'로 보기 시작했습니다. 이 책은 바로 그 깨달음에서 출발했습니다.

이 책이 전하고자 하는 핵심은 단순합니다. 관계의 고통은 피할 수 없지만, 그 안에서도 우리는 자유로워질 수 있습니다. 쇼펜하우어는 인간을 낭만적으로 보지 않았습니다. 그는 인간이 근본적으로 이기적이며, 자신의 욕망을 중심으로 세상을 본다고 했습니다. 그러나 그는 그 이기심을 부정하지 않았습니다. 오히려 인간의 본성을 이해할 때 비로소 타인을 용서할 수 있다고 말했습니다. 관계의 피로는 누군가가 나쁘기 때문이 아니라, 서로가 전혀 다른 세계 속에서 살아가기 때문입니다. 이 책은 그 차이를 인정하는 것에서부터 관계의 지혜가 시작된다고 말합니다.

이 책은 인간관계에 지쳐 있는 모든 사람을 위한 책입니다. 말수가 적어 오해받는 사람, 지나치게 착해서 늘 이용당하는 사람, 혼자 있고 싶지만 외롭기도 한 사람, 그리고 '좋은 사람이어야 한다'는 강박 속에서 자신을 잃어버린 사람들에게 이 책이 작은 쉼이 되기를 바랍니다.

이 책은 총 다섯 장으로 구성되어 있습니다. 1장은 '고슴도치 딜레마'를 통해 왜 관계가 피로한지를 탐구하고, 2장은 인간의 본성과 이기심을 통해 관계의 근본을 파헤칩니다. 3장은 쇼펜하우어의 거리두기 전략을 중심으로 관계에서 자유로워지는 법을 다루며, 4장은 말이 적고 내향적인 사람들을 위한 실질적인 관계의 기술을 제시합니다. 마지막 5장은 관계의 피로에서 벗어나 진정한 '나다움'을 회복하는 방법으로 마무리됩니다. 한 장 한 장을 따라가다 보면, '사람 때문에 힘들다'는 말이 '그래도 사람과 함께 살아간다'는 고백으로 바뀌게 될 것입니다.

이 책이 기존의 인간관계서와 다른 점은, 관계를 개선하라고 말하지 않는다는 것입니다. 대신 '굳이 모든 사람과 잘 지낼 필요는 없다'고 말합니다. 관계를 유지하기 위해 자신을 희생하는 것이 미덕이 아니며, 때로는 거절과 침묵이야말로 자신을 지키는 용기라는 사실을 알려줍니다. 심리학적 위로 대신 철학적 명료함을 제시하고, 타인을 분석하기보다 '나 자신'을 이해하는 데 초점을 맞춥니다. 쇼펜하우어의 철학은 차갑지만, 그 안에는 따뜻한 통찰이 있습니다.

우리가 관계 속에서 지치는 이유는 완전한 이해를 기대하기 때문입니다. 하지만 인간은 누구나 불완전하며, 그 불완전함이야말로 인간다움의 증거입니다. 그러니 너무 애쓰지 않아도 됩니다. 모든 사람에게 사랑받을 필요도, 모든 관계를 붙잡을 이유도 없습니다. 대신 자신을 잃지 않고, 서로의 차이를 인정하는 법을 배우면 됩니다. 그것이 바로 쇼펜하우어가 말한 '거리의 지혜'입니다.

이 책이 관계의 피로를 풀어주는 처방전이자, 혼자 있는 용기를 회복시키는 철학적 안내서가 될 수 있기를 바랍니다.

차례

 ## 5장 관계 피로에서 벗어나 나답게 사는 법

1장 고슴도치 딜레마: 우리는 왜 관계에 지치는가

인간관계가 버거운 이유

"세계는 나의 표상이다."

– 아르투르 쇼펜하우어, 〈의지와 표상으로서의 세계〉

우리는 태어날 때부터 관계 속에서 살아간다. 가족, 학교, 직장, 그리고 온라인 커뮤니티에 이르기까지 인간은 사회적 관계망 속에 얽혀 있다. 문제는 이러한 관계가 늘 따뜻함과 위로만 주는 것이 아니라, 때로는 무거운 짐처럼 느껴진다는 점이다. 현대인이 자주 입에 올리는 '관계 피로'라는 단어는 단순한 유행어가 아니라, 수많은 사람들이 일상에서 경험하는 실제 감정이다.

쇼펜하우어는 《의지와 표상으로서의 세계》에서 "세계는 나의 표상"이라고 말했다. 내가 경험하고 이해하는 세계는 어디까지나 나의 시선과 감각을 통해 구성된 것이며, 객관적 실재 그 자체가 아니다. 그렇다면 타인 또한 저마다의 표상 속에서 세계를 살아간다. 결국 우리가 맺는 관계란 서로 다른 표상들이 맞닿는 과정이며, 바로 이 차이를 인정하지 못할 때 관계는 쉽게 피로와 갈등으로 변한다. 관계가 피곤한 이유는 단순히 사람을 자주 만나서가 아니다. 그 이면에는 타인의 기대, 감정 노동, 그리고 디지털 환경 속에서 흐려진 경계가 복잡하게 얽혀 있다. 우리는 좋은 사람이 되고 싶어 타인의 요구에 맞추며, 불편한 상황에서도 웃어야 하고, 원치 않는 부탁도 거절하지 못한다. 그러다 보니 자신을 위한 에너지는 점점 줄어들고, 내면은 서서히 지쳐간다. 이럴 때 필요한 것은 '그저 참는 것'이 아니라, 나의 영역을 지킬 수 있는 단호함이다. 《나를 피곤하게 만드는 것들과 거리를 두는 대화법》에서 김범준 작가는 이렇게 말한다.

"나는 앞으로도 누군가가 의도적으로, 혹은 의도하지 않았지만, 그의 무지함으로 나의 영역을 침범할 때마다 당당히 맞설 것이다. 무작정의 투쟁이 아니라 적절한 방법으로 선을 넘어오는 사람에게 대항하는 방법을 활용할 것이다. 타인의 불합리한 소음이 압도적인 양으로 나의 집중력을 마비시키는 것에 무기력하게 당하고만 있지 않기 위해서다."

관계 속에서 나를 소모하는 무지와 불합리에 무기력하게 당할 필요는 없다. 나의 쾌적할 권리를 침범하는 행위를 묵인하지 않고, 적절한 방식으로 대응하는 것이야말로 내면을 지키고 관계의 균형을 바로 세우는 길이다.

특히 SNS의 확산은 관계 피로를 가속한다. 하루 종일 타인의 일상을 확인할 수 있는 시대에 우리는 자신도 모르게 끊임없이 비교한다. 다른 사람의 행복한 순간은 내 삶의 부족함을 자극하고, 작은 무심함은 '나를 외면하는 것 아닌가?'라는 불안을 불러온다. 물리적 거리가 사라지고 24시간 연결된 세계는 오히려 우리를 더 고립시키고, 감정적 피로를 증폭시킨다. 관계 피로는 결국 내가 나답게 살 수 없는 순간에서 비롯된다. 상대의 기대와 시선을 의식하며 감정을 억누를 때, 우리는 자신을 스스로 소진하며 관계에 매여 있음을 느낀다.

관계의 역설은 친밀해질수록 더 쉽게 상처받는다는 데 있다. 쇼펜하우어는 이를 '고슴도치 딜레마'라는 비유로 설명한다. 추운 겨울, 고슴도치들은 체온을 나누기 위해 서로 가까이 다가가지만, 지나치게 가까워지면 서로의 가시에 찔려 고통을 겪는다. 인간관계도 이와 같다. 우리는 친밀감을 갈망하지만, 거리가 좁혀질수록 갈등과 오해, 실망이 늘어난다. 가까운 관계에서는 기대가 커진다. 가족은 나를 무조건 이해해 주리라 믿고, 친구는 내 고민을 들어주리라 기대한다. 그러나 상대 역시 나와는 다른 세계를 살아가는 독립적 존재다. 그 차이를 인정하지 못하면 작은 말 한마디에도 크게 상처받는다. 기대와 실망이 반복되면서 관계는 피곤해지고, 오히려 낯선 이보다 가까운 이에게 더 깊은 상처를 입게 된다. 또한 친밀함은 자율성을 제한한다. 가까운 관계일수록 혼자만의 공간은 줄어들고, 개인적 욕구는 뒤로 밀려난다. 연인이나 가족과의 관계에서조차 '나만의 시간'을 갖기 어렵다면,

관계는 곧 부담이 된다. 결국 사람들은 역설적으로 가까운 이에게서 벗어나고 싶어 하며, 그 과정에서 죄책감과 혼란을 느낀다.

예전에는 인간관계의 경계가 비교적 단순했다. 가족은 가족대로, 직장은 직장대로 역할이 명확했다. 하지만 현대 사회에서는 직장에서도 '가족 같은 분위기'를 강조하며 친밀함을 요구한다. 고객과 직원, 상사와 부하 사이에서도 감정적 교류가 당연시된다. 우리는 일터에서조차 감정을 숨기고 상대에 맞추는 노력을 해야 하며, 이러한 감정 노동은 시간이 지날수록 누적되어 피로로 다가온다. 문제는 이런 감정 노동이 선택이 아니라 생존 전략처럼 강요된다는 점이다. 직장에서 무례한 상사에게 불편함을 표현할 수 없고, 온라인 모임에서도 집단의 분위기에 맞춰야 한다. 겉으로는 원만해 보이는 관계 뒤에서 우리는 점점 자신을 잃어가고 있다.

관계가 피곤한 또 하나의 이유는 인간관계가 본질적으로 불완전하기 때문이다. 사람은 서로 다른 가치관과 경험을 가지고 살아간다. 완벽한 공감은 존재하지 않으며, 상대를 온전히 이해하는 것도 불가능하다. 그런데도 우리는 '이 사람은 나를 완벽히 이해해 줄 것'이라는 기대를 품는다. 그리고 그 기대가 무너질 때, 상실감은 더욱 커진다. 쇼펜하우어는 인간이 본질적으로 고독한 존재라고 말했다. 그 누구와도 완전히 하나 될 수 없다는 사실을 받아들이지 못하면, 우리는 끝없는 실망과 상처 속에서 관계를 버겁게 느끼게 된다.

  그렇다면 우리는 어떻게 해야 인간관계의 피로에서 벗어날 수 있을까? 해답은 관계를 끊는 것이 아니라, 적절한 거리를 찾는 데 있다. 관계의 깊이가 반드시 관계의 질을 보장하지 않는다. 오히려 너무 깊게 얽힐수록 상처받기 쉽다. 중요한 것은 나와 상대 모두가 편안함을 느낄 수 있는 거리를 조율하는 것이다. 이 거리 조절은 구체적인 실천으로 나타난다. 불필요한 약속을 줄이고, 혼자만의 시간을 확보하며, 거절을 두려워하지 않는 태도가 필요하다. 또한 타인의 기대에 매몰되지 않고, 나만의 기준을 세워야 한다. 이는 이기적이기 때문이 아니라, 관계 속에서 자신을 지키기 위한 최소한의 장치다.

  쇼펜하우어의 철학은 "고독을 두려워하는 사람은 결코 자유로울 수 없다"라고 말해준다. 인간관계의 버거움에서 벗어나려면, 먼저 혼자 있어도 괜찮다는 사실을 인정해야 한다. 고독은 피해야 할 결핍이 아니라, 인간 존재가 지닌 본질적인 조건이다. 고독을 수용할 때 우리는 오히려 관계에서 더 자유로워질 수 있다. 결국, 인간관계가 버거운 이유는 타인의 기대와 나의 욕구 사이에서 끊임없이 균형을 맞추려 하기 때문이다. 하지만 관계의 본질이 불완전하다는 것을 인정하고, 적당한 거리를 유지하며, 고독을 긍정하는 순간, 관계는 짐이 아니라 삶을 풍요롭게 하는 자원이 될 수 있다.

결국 우리가 맺는 관계란 서로 다른 표상들이 맞닿는 과정이며, 바로 이 차이를 인정하지 못할 때 관계는 쉽게 피로와 갈등으로 변한다.

결국 우리가 맺는 관계란 서로 다른 표상들이 맞닿는 과정이며, 바로 이 차이를 인정하지 못할 때 관계는 쉽게 피로와 갈등으로 변한다.

쇼펜하우어의 '고슴도치 딜레마'란?

"표상은 그것이 추상적이든지 또는 직관적이든지 간에, 그것이 순수하든지 또는 경험적이든지 간에 가능한 것이고 사유될 수 있는 것이다." – 아르투르 쇼펜하우어, 〈의지와 표상으로서의 세계〉

추운 겨울, 한 무리의 고슴도치가 있었다. 날씨가 혹독해질수록 그들은 서로의 체온이 필요했다. 가까이 다가가면 몸이 따뜻해졌지만, 동시에 가시에 찔려 상처를 입었다. 그렇다고 멀리 떨어져 있으면 추위를 견딜 수 없었다. 결국 그들은 적당한 거리를 찾을 때만이 서로를 해치지 않고 동시에 따뜻함을 나눌 수 있었다. 이것이 바로 쇼펜하우어가 제시한 '고슴도치 딜레마'다.

쇼펜하우어는 인간관계의 본질을 이 짧은 비유 속에 압축했다. 인간은 서로에게 다가가고 싶어 한다. 친밀감을 갈망하며 타인과 교류하면서 따뜻함과 위로를 얻는다. 하지만 동시에 너무 가까워질 때, 우리는 서로의 결점을 드러내며 상처를 주고받는다. 인간은 누구나 불완전한 존재이기에, 그 불완전함이 그대로 드러나는 지점에서 갈등과 고통이 발생한다. 그래서 인간은 가까워지고 싶지만 다가갈수록 불편해지고, 멀어지면 외롭다. 이 모순이 바로 인간관계의 피로와 고통을 설명하는 핵심 구조다. 결국 관계 속 갈등은 단순한 감정 문제가 아니라, 우리가 세계를 인식하는 방식의 차이에서 비롯된다. 각자가 다른 표상을 두고 세계를 이해하기에, 상대를 완전히 같은 시선으로 바라보는 일은 불가능하다. 바로 이 차이가 관계의 불완전성을 낳는다.

고슴도치 딜레마가 중요한 이유는, 인간관계의 문제를 개인의 성격이나 능력 부족 탓으로만 돌리지 않기 때문이다. 흔히 우리는 인간관계가 힘든 이유를 '내가 내성적이라서', '내가 눈치가 없어서', '내가 상처를 잘 받아서'라고 생각한다. 그러나 쇼펜하우어는 말한다. 그 피로는 인간이라는 종 자체가 가진 구조적 문제에서 비롯된다고. 다시 말해, 누구나 겪는 보편적 현상이라는 것이다.

사람은 사회적 동물이라는 아리스토텔레스의 말처럼, 타인과 어울리지 않고는 살아갈 수 없다. 동시에 사람은 각자 독립된 욕망과 생각을 가진 존재이므로, 완벽히 하나가 될 수도 없다. 이 모순이 인간관계를 끊임없이 흔든다. 쇼펜하우어는 인간관계의 이 이중성을 직시했고, 이를 통해 '적당한 거리'라는 개념을 강조했다. 관계는 멀어지면 고립되고, 지나치게 가까워지면 상처가 되므로, 결국 균형을 잡는 기술이 필요하다는 것이다.

이 딜레마는 현대 사회에서도 여전히 유효하다. 오히려 지금은 더 절실하게 체감된다. SNS를 통해 언제든 메시지를 주고받고, 사진과 일상을 공유하며 끊임없이 연결된 시대다. 하지만 그럴수록 우리는 더 쉽게 상처받고 피곤해한다. 가까워졌다는 착각이 만들어낸 상처가 오히려 깊기 때문이다. 화면 속에서는 항상 웃는 얼굴, 행복한 장면만이 보이지만, 그것이 진짜 삶의 전부일 수는 없다. 그러나 사람들은 그 겉모습에 영향을 받고, 나와의 차이를 느끼며 고립감을 키운다. 결국 관계는 가까워졌지만, 마음은 더 멀어지는 역설이 발생한다.

고슴도치 딜레마가 알려주는 교훈은 분명하다.

"인간관계에는 적절한 거리감이 필요하다."

이 거리는 물리적 거리만이 아니라 심리적 거리, 정서적 거리를 포함한다. 때로는 상대를 이해하려는 노력이 지나쳐 자신을 잃어버리기도 하고, 지나친 배려가 오히려 상호 의존과 피로를 낳기도 한다. 진정한 관계는 무조건적인 헌신이나 완벽한 이해에서 생기는 것이 아니다. 서로의 한계와 결점을 인정하면서도, 그럼에도 불구하고 연결되어 있으려는 선택에서 비롯된다.

이 비유를 삶에 적용해 보면, 많은 상황에서 유용하다. 직장에서의 동료와의 관계, 친구와의 우정, 연인과의 사랑, 심지어 가족 간의 유대에서도 마찬가지다. 가까워질수록 오해와 갈등이 생기는 것은 당연하다. 중요한 것은 그 거리를 조율하는 지혜다. 예를 들어, 직장에서 상사와 부하 직원은 친밀감을 지나치게 강요할 필요가 없다. 일정한 거리를 유지할 때 오히려 관계가 더 건강하게 지속될 수 있다. 친구 사이에서도 모든 것을 공유하려 하기보다, 서로의 영역을 존중하는 태도가 필요하다. 연인 관계에서도 '언제나 함께해야 한다'는 집착 대신, 각자만의 시간을 보장할 때 오히려 사랑은 더 오래간다. 이와 같은 맥락에서 이재현 서울대 언론정보학과 교수는 「관계의 과잉, 상호작용의 과잉」(2016) 연구에서 SNS 환경 속 관계 맺기의 과잉과 지나친 상호작용이 오히려 불필요한 정서적 부담을 낳는다고 지적한다. 그는 디지털 시대에 경계 없이 얽히는 관계가 피로를 증폭시키며, 결국은 관계의 역풍을 불러온다고 분석한다. 이는 적절한 거리 두기가 단순한 개인적 선택이 아니라, 건강한 관계 유지에 필수적인 전략임을 보여준다.

쇼펜하우어는 인간을 비관적으로 보았다. 그는 인간이 본성적으로 이기적이고 충돌할 수밖에 없는 존재라고 보았다. 하지만 그 비관 속에는 중요한 현실 인식이 담겨 있다. 인간관계에서 완벽한 화합이나 완전한 이해를 기대하는 순간, 우리는 반드시 실망하게 된다. 오히려 인간이 본질적으로 불완전하다는 것을 인정할 때, 비로소 관계 속에서 자유로워질 수 있다. 고슴도치 딜레마는 우리에게 상처받지 않을 관계란 존재하지 않는다는 사실을 상기시킨다. 상처를 줄이기 위해 우리가 할 수 있는 일은 단 하나, 적당한 거리를 찾는 것이다.

결국 고슴도치 딜레마는 인간관계에서 "얼마나 가까워져야 하는가?"라는 문제를 던진다. 이 질문에 정답은 없다. 사람마다, 상황마다, 관계의 성격마다 그 거리는 다르다. 어떤 관계는 밀착해도 괜찮지만, 어떤 관계는 일정한 거리를 두어야 오래 간다. 중요한 것은 거리의 절대적 크기가 아니라, 나와 상대가 서로 편안함을 느낄 수 있는 위치를 찾는 것이다.

우리는 때때로 관계의 이상을 꿈꾼다. 누군가와 완벽히 통하는 순간, 내 마음을 전부 이해해 주는 단 한 사람을 기다린다. 하지만 쇼펜하우어는 냉정하게 말한다. 그런 관계는 존재하지 않는다. 인간은 본질적으로 서로 다른 욕망과 생각을 가진 존재이며, 그 차이를 없앨 수 없다. 그러므로 현명한 삶은 환상을 버리고, 차라리 그 불완전함을 인정하는 데서 출발한다.

고슴도치 딜레마는 인간관계의 불가피한 모순을 보여주지만, 동시에 그 속에서 살아가는 방법을 가르쳐준다. 상처받지 않기 위해 거리를 두되, 완전히 고립되지 않도록 서로의 체온을 나누는 법. 그것이 인간관계가 지닌 역설이며, 우리가 평생 배워야 할 과제다. 관계의 무게에 짓눌려 힘겨울 때, 이 비유는 우리에게 한 가지 길을 제시한다. 완벽한 관계는 없지만, 적당한 거리에서 우리는 서로에게 따뜻한 존재가 될 수 있다는 것이다.

관계는 멀어지면 고립되고, 지나치게 가까워지면 상처가 되므로, 결국 균형을 잡는 기술이 필요하다.

관계는 멀어지면 고립되고, 지나치게 가까워지면 상처가 되므로, 결국 균형을 잡는 기술이 필요하다.

가까워질수록 상처받는 관계의 법칙

"표상이라는 진리보다 더 확실하고 자명하거나 증명할 필요가
없는 것은 없을 것이다."

— 아르투르 쇼펜하우어, 〈의지와 표상으로서의 세계〉

인간관계의 역설은 친밀해질수록 더 큰 상처를 주고받는다는
사실에서 드러난다. 겉으로 보기에는 가까운 사이일수록 서로를
이해하고 지켜줄 것 같지만, 실제로는 그 반대의 경우가 많다. 처
음 만난 사람에게는 쉽게 화를 내지 않으면서, 정작 가족이나 연
인에게는 사소한 일에도 날카롭게 반응하는 이유가 여기에 있다.
관계의 거리감이 좁혀질수록 기대치가 높아지고, 기대는 곧 실망
으로 이어지며, 실망은 상처로 변한다.

사람은 본능적으로 타인에게 인정받고 싶어 한다. 가족은 나를
무조건 사랑해야 한다고 믿고, 친구는 언제든 내 편이 되어줄 거

라 기대하며, 연인은 끝까지 나를 이해해 줄 거로 생각한다. 그러나 상대방 역시 나와는 다른 생각과 욕구를 가진 독립적 존재다. 모든 상황에서 내 마음을 헤아려줄 수 없다. 하지만 우리는 이 당연한 사실을 자주 잊는다. 그래서 작은 무심함이나 사소한 거절도 배신처럼 느껴진다. 친밀함 속에 깔린 과도한 기대가 오히려 상처를 키우는 것이다.

쇼펜하우어가 말한 '고슴도치 딜레마'가 보여주듯, 인간은 서로 따뜻함을 원하지만 동시에 상처를 피할 수 없다. 가까워질수록 가시에 찔리는 것은 숙명이다. 중요한 것은 상처를 전혀 받지 않으려 애쓰는 것이 아니라, 그 상처를 어떻게 받아들이고 소화할 것인가다. 인간관계에서 상처는 예외적 사건이 아니라 필연적 현상이라는 사실을 인정해야 한다. 그래야 실망이 찾아왔을 때 덜 흔들린다. 각자가 자신의 표상 속에서 세계를 보기 때문에, 관계에서의 기대와 실망, 상처 또한 불가피하다. 이 진리를 받아들이는 순간, 우리는 관계의 불완전성을 개인의 결함이 아닌 인간 존재의 조건으로 이해하게 된다.

친밀한 관계일수록 자율성이 줄어드는 것도 문제다. 누군가와 가까워지면 내 삶의 일정 부분을 내어주어야 한다. 연인이나 가족과 함께 시간을 보내기 위해 개인적인 욕구를 미루고, 친구의 부탁을 들어주기 위해 나의 계획을 바꾸기도 한다. 이런 과정에서 자기 삶의 경계가 점차 희미해진다. 상대가 요구하는 것을 거절하지 못하면서, 결국 스스로를 억누르게 되는 것이다. 처음에는 그것이 사랑이나 배려처럼 느껴지지만, 시간이 갈수록 내 안의 피로가 쌓인다. 관계가 깊어질수록 상처받기 쉬운 이유는 바로 이처럼 개인의 자유가 제한되는 데 있다.

상처는 또 다른 경로로도 생긴다. 가까운 관계는 솔직함을 허용하는 만큼, 날것의 감정이 그대로 드러나기 쉽다. 낯선 이에게는 예의를 지키느라 숨기는 말도, 가족에게는 여과 없이 던진다. 결과적으로 가장 소중한 사람들에게 가장 가혹한 말을 하게 된다. '가까우니까 괜찮겠지'라는 생각이 무심코 내뱉은 말이 되돌릴 수 없는 상처가 되기도 한다. 낯선 이와는 지킬 수 있는 거리를, 정작 소중한 이들과는 지키지 못하는 아이러니가 관계를 더 힘들게 만든다.

현대 사회는 이 법칙을 더 선명하게 드러낸다. 끊임없는 연결은 오히려 피로를 가중하고, 기대치를 더욱 키운다. 온라인상에서 답장이 늦거나 '좋아요'가 달리지 않는 사소한 상황조차 상대의 무관심으로 해석된다. 이처럼 가까움의 착각이 상처를 증폭시키는 것이다.

그렇다고 해서 인간관계에서 친밀함을 피하자는 말은 아니다. 중요한 것은 '어떻게 가까워질 것인가'이다. 우리는 친밀함 속에서 자유를 잃지 않고, 기대를 절제하는 법을 배워야 한다. 상대에게 모든 것을 기대하지 않고, 내가 줄 수 있는 만큼만 주며, 동시에 상대가 내 삶을 전부 책임져주리라 요구하지 않는 태도가 필요하다. 기대가 줄어들면 상처도 줄어든다. 친밀함은 상호 소유가 아니라, 서로의 독립성을 존중하는 바탕 위에서만 오래 지속될 수 있다.

쇼펜하우어는 인간의 본성을 비관적으로 보았지만, 그 통찰은 오히려 인간관계를 현실적으로 바라보게 한다. 우리는 누구와도 완전히 하나가 될 수 없다는 사실을 받아들일 때 비로소 자유로워진다. 가까워질수록 상처받는 관계의 법칙은 인간의 숙명이지만, 동시에 그 법칙을 이해하는 순간 우리는 관계 속에서 조금은 덜 다치고, 조금은 더 평온할 수 있다.

결국 인간관계의 지혜는 거리 두기의 기술에서 비롯된다. 너무 멀어지면 고립되지만, 너무 가까워지면 상처받는다. 상처는 피할 수 없지만, 그 크기를 줄일 수는 있다. 적절한 거리에서 우리는 여전히 서로에게 따뜻한 존재가 될 수 있다. 가까워질수록 상처받는다는 법칙을 받아들이는 순간, 우리는 비로소 더 건강한 관계를 맺는 출발선에 설 수 있다.

각자가 자신의 표상 속에서 세계를 보기 때문에,
관계에서의 기대와 실망, 상처 또한 불가피하다.
이 진리를 받아들이는 순간, 우리는 관계의 불완
전성을 개인의 결함이 아닌 인간 존재의 조건으
로 이해하게 된다.

각자가 자신의 표상 속에서 세계를 보기 때문에,
관계에서의 기대와 실망, 상처 또한 불가피하다.
이 진리를 받아들이는 순간, 우리는 관계의 불완
전성을 개인의 결함이 아닌 인간 존재의 조건으
로 이해하게 된다.

타인의 기대에서 자유로워 지는 법

> "우리가 지닌 모든 표상 사이의 중요한 차이는 직관적인 것과 추상적인 것의 차이이다."
>
> — 아르투르 쇼펜하우어, 〈의지와 표상으로서의 세계〉

인간관계에서 가장 큰 피로의 원인은 사실 타인 자체가 아니라, 그들이 나에게 던지는 기대에 있다. 우리는 알게 모르게 주변의 시선을 의식하며 살아간다. 가족은 '좋은 아들, 딸'로서의 모습을 기대하고, 친구는 '항상 곁에 있어 주는 사람'을 원한다. 직장에서는 성실하고 유능한 직원을 바라며, 사회는 끊임없이 '성공한 사람'의 이미지를 요구한다. 그 기대 속에서 우리는 자꾸만 본래의 나를 잃어버린다.

문제는 기대라는 것이 끝이 없다는 데 있다. 한 번 누군가의 기대를 충족시키면, 곧 그다음 단계의 기대가 생긴다. 부모님의 기대를 충족시키려 대학에 진학했지만, 그 순간 또 다른 기대가 이어진다. 좋은 성적, 안정적인 직장, 결혼, 자녀… 끝없는 요구는 결국 우리를 지치게 만든다. 직장에서도 마찬가지다. 프로젝트를 잘 마치면 '이번에도 잘하겠지'라는 눈빛이 돌아오고, 그 기대에 부응하지 못하면 실망의 무게가 고스란히 나에게 쏟아진다. 사람의 욕망은 본래 한계가 없기에, 타인의 기대를 충족시키는 삶은 절대로 완성되지 않는다.

쇼펜하우어는 인간의 본성을 '이기적 욕망의 충돌'로 보았다. 타인의 기대 역시 그 본성의 연장선이다. 사람들은 각자의 이해관계와 욕망을 바탕으로 기대를 만든다. 따라서 그 기대는 애초에 나를 위한 것이 아니라, 타인을 위한 경우가 대부분이다. 각자가 세상을 해석하는 방식이 달라서, 타인의 기대 역시 나의 기준과 일치할 수 없다. 상대는 자신의 욕구와 이해관계에 따라 나를 바라보고, 그 시선 속에서 새로운 요구와 기대가 만들어진다. 결국 타인의 기대에 휘둘리는 삶은, 다른 사람의 표상을 대신 살아가는 삶일 뿐이다. 그렇다면 타인의 기대에 얽매이지 않는 삶은 결국 나를 지키는 삶이다. 기대를 충족시키기 위해 내 시간을, 내 마음을, 내 자유를 소모한다면, 그 끝에는 남들이 원하는 모습만 남고 진짜 나는 사라진다.

타인의 기대에서 자유로워지기 위해서는 먼저 그것이 당연하다는 사실을 인정해야 한다. 누군가가 나에게 기대를 품는 것은 피할 수 없다. 인간은 본래 타인에게 무언가를 원하고, 자신의 욕구를 투영하는 존재이기 때문이다. 기대가 사라지길 바라는 것은 비현실적이다. 그러나 중요한 것은 그 기대를 무조건 받아들이지 않아도 된다는 깨달음이다. 내가 감당할 수 있는 기대와 그렇지 않은 기대를 구별하고, 필요하다면 거절할 수 있어야 한다.

거절은 인간관계에서 가장 어려운 행동 중 하나다. 우리는 거절하는 순간 상대가 실망할 것이라는 두려움을 갖는다. 하지만 역설적으로 거절을 하지 않을수록 더 깊은 피로에 빠진다. 이하늘 작가는 《거절 잘하는 법》에서 이렇게 말한다.

"사람은 누구나 타인에게 도움을 주는 사람이 되고 싶어 한다. 상대를 위해서 내가 무언가를 한다는 것은 타인에게 인정을 받는 사람, 좋은 사람, 능력자라는 평가를 받기 때문이다. 이런 기분에 취해 거절의 기준을 바르게 세우지 않는다면 타인의 부탁을 들어주느라 자신의 시간을 허비하게 될지도 모른다."

결국 진짜 관계를 지키기 위해서는 무작정 '좋은 사람'으로 남는 것보다, 나의 시간을 지키는 기준을 세우고 적절히 거절할 줄 아는 용기가 필요하다. 쇼펜하우어는 "자신의 삶을 타인의 눈으로 바라보는 사람은 결코 행복할 수 없다"라고 했다. 타인의 기대에만 맞추는 삶은 결국 나를 포기하는 삶이다. 오히려 솔직하게 나의 한계를 인정하고, 충족시켜 줄 수 없는 요구는 단호하게 거절할 때 관계는 더 건강해진다.

이 과정에서 중요한 것은 나만의 기준을 세우는 일이다. '나는 어떤 기대까지 수용할 수 있고, 어떤 요구는 받아들이지 않겠다'

라는 분명한 경계가 있어야 한다. 이 경계는 이기심이 아니라 자기 보호다. 누구나 무한히 타인을 위해 살 수는 없다. 오히려 나를 지킬 때, 더 오래 타인을 도울 수 있다. 예를 들어, 친구가 힘들 때는 기꺼이 시간을 내줄 수 있지만, 내 일상이 무너질 만큼 모든 부탁을 들어줄 수는 없다. 이런 기준을 세우고 지킬 때 관계는 불필요한 상처 없이 지속된다.

타인의 기대에서 자유로워진다는 것은 사실 타인을 외면하는 것이 아니다. 오히려 진짜 나의 모습을 보여주는 용기다. 우리는 자주 '좋은 사람'이라는 이미지를 지키기 위해, 싫은데도 웃고, 힘든데도 괜찮다고 말한다. 그러나 그런 가면은 오래 지속되지 못한다. 결국 억눌린 감정은 터져 나오고, 그때 관계는 더 큰 균열을 맞는다. 오히려 처음부터 솔직하게 내 한계를 드러내면, 관계는 더 단단해진다. 진정한 인간관계는 서로의 기대를 충족시키는 데서 오는 것이 아니라, 서로의 불완전함을 인정하면서도 함께하겠다는 선택에서 비롯된다.

기대에서 벗어나려면 고독을 두려워하지 않아야 한다. 기대를 거절하면 때로는 관계가 멀어질 수도 있다. 그러나 그것은 반드시 불행으로 이어지지 않는다. 오히려 나를 있는 그대로 받아들이는 관계만이 남게 되고, 그 속에서 더 깊은 평안을 얻을 수 있다. 쇼펜하우어가 강조한 대로, 고독을 감당할 수 있을 때 우리는 비로소 자유로운 존재가 된다. 고독을 선택할 수 있는 사람만이 타인의 기대에 휘둘리지 않는다.

결국 타인의 기대에서 자유로워지는 법은 거창하지 않다. 그것은 나를 잃지 않는 작은 선택들에서 시작된다. 원치 않는 약속을 줄이고, 억지 미소 대신 솔직한 감정을 표현하며, 감당할 수 없는 요구는 거절하는 것. 이 단순한 실천들이 쌓일 때 비로소 삶은 가벼워진다. 타인의 끝없는 기대를 따라가는 대신, 나만의 길을 걸을 때 우리는 더 자유롭고, 더 인간답게 살아갈 수 있다.

타인의 기대에 얽매이지 않는 삶은 결국 나를 지키는 삶이다.

타인의 기대에 얽매이지 않는 삶은 결국 나를 지키는 삶이다.

왜 사람들과 거리를 둬야 하는가

"직관적인 표상은 가시적인 세계 전체 또는 경험 전체 그리고 경험이 지닌 가능성의 제약을 포괄한다."

— 아르투르 쇼펜하우어, 〈의지와 표상으로서의 세계〉

인간관계에서 가장 큰 지혜는 때로는 거리를 두는 데 있다. 하지만 많은 사람들은 거리를 둔다는 말을 곧 '외면'이나 '단절'로 받아들인다. 우리는 가까운 것이 좋은 것, 항상 함께하는 것이 바람직하다고 배워왔다. 그러나 쇼펜하우어는 인간의 본성이 서로를 상처 입히기 쉬운 구조라는 사실을 간파했고, 관계의 건강함은 오히려 일정한 거리를 유지할 때 가능하다고 보았다. 인간은 세계를 직관적 경험을 통해 받아들이며, 그 경험은 언제나 한계와 제약 속에 있다. 각자가 바라보는 세계가 다르기에 관계 속에서도 같은 사건이 서로에게 전혀 다르게 다가오곤 한다. 이 차이가 바로 기대의 불일치와 상처의 원인이 된다.

거리를 둬야 하는 첫 번째 이유는 상처를 줄이기 위해서다. 가까워질수록 기대는 커지고, 기대가 깨질수록 상처는 깊어진다. 처음 만난 사람에게는 쉽게 화를 내지 않으면서, 정작 가족이나 연인에게는 사소한 말 한마디에도 큰 갈등이 생기는 이유가 바로 여기 있다. 우리는 가까운 사람일수록 '내 마음을 알아주겠지'라는 기대를 품는다. 그러나 인간은 서로 다른 가치관과 욕망을 가진 존재이기에, 그 기대는 필연적으로 무너질 수밖에 없다. 일정한 거리를 두는 것은 상처를 완전히 막기 위해서가 아니라, 불필요한 상처를 줄이기 위한 최소한의 장치다.

두 번째 이유는 자기 자신을 지키기 위해서다. 관계 속에서 우리는 자주 타인의 기대에 휘둘린다. '좋은 친구라면 당연히 이 정도는 해줘야지', '가족이니까 이해해 줘야지'라는 말은 은연중에 나의 시간을 빼앗고, 나의 자유를 제한한다. 그렇게 타인의 기대를 충족시키는 데 몰두하다 보면, 정작 나는 사라지고 남이 원하는 모습만 남는다. 일정한 거리는 나만의 영역을 지키는 보호막이 된다. 이 거리를 확보하지 못하면, 결국 관계는 피로와 원망으로 가득 차게 된다.

세 번째 이유는 관계의 질을 높이기 위해서다. 거리는 단절이 아니라 숨 쉴 틈을 만들어준다. 누군가와 지나치게 붙어 있으면 오히려 상대의 단점만 더 크게 보인다. 반대로 잠시 떨어져 있으면, 상대의 소중함을 다시 발견하게 된다. 물리적, 심리적 간격은 관계를 재정비하고, 오히려 더 단단하게 이어주는 역할을 한다. 사랑도, 우정도, 가족 간의 유대도 마찬가지다. 떨어져 있어야만 보이는 가치가 있으며, 거리를 두어야만 유지되는 균형이 있다.

현대 사회에서는 거리를 두는 일이 더 절실하다. 친구의 일상을 실시간으로 확인할 수 있고, 메시지는 즉각 답장을 요구한다. 관계는 가까워진 듯 보이지만, 실제로는 더 피곤하고 불안하다. 작은 무심함조차 쉽게 오해로 이어지고, 타인의 삶과 끝없이 비교하며 자신을 괴롭힌다. 이때 필요한 것은 연결을 끊는 것이 아니라, 거리를 재조정하는 것이다. 때로는 알림을 꺼두고, 혼자만의 시간을 의도적으로 확보하는 것이 관계를 지키는 지혜다.

거리를 둔다는 것은 차갑게 등을 돌리는 것이 아니라, 더 건강한 관계를 위한 전략이다. 내가 무너질 만큼 상대에게 매달리는 것도, 상대를 완전히 밀어내는 것도 지혜롭지 않다. 중요한 것은 균형이다. 서로의 독립성을 인정하면서도, 필요할 때는 체온을 나눌 수 있는 거리. 그것이 인간관계에서 가장 안정적인 지점이다.

쇼펜하우어는 인간이 타고난 이기심과 욕망 때문에 필연적으로 부딪힌다고 보았다. 이 불완전한 존재들이 함께 살아가기 위해서는, 서로를 존중하는 일정한 간격이 필요하다. 가까워지면 상처받고, 멀어지면 고립되는 인간의 운명 속에서, 적당한 거리를 찾는 것은 삶의 지혜다.

사람들과 거리를 두어야 하는 이유는 결국 하나로 귀결된다.

그것은 나를 지키고, 관계를 지키며, 자유를 지키기 위해서다. 거리 없는 관계는 쉽게 무너지고, 거리를 모르는 삶은 쉽게 지쳐버린다. 적당한 간격을 유지할 때, 우리는 더 오래, 더 건강하게 서로와 함께할 수 있다. 거리를 두는 용기가 때로는 관계를 살리고, 나 자신을 살린다.

사람들과 거리를 두어야 하는 이유는 결국 하나
로 귀결된다. 그것은 나를 지키고, 관계를 지키
며, 자유를 지키기 위해서다.

사람들과 거리를 두어야 하는 이유는 결국 하나
로 귀결된다. 그것은 나를 지키고, 관계를 지키
며, 자유를 지키기 위해서다.

관계에서 '혼자만의 시간'이 중요한 이유

"추상적인 표상은 그것이 직관적인 표상과 관계함을 통해서만 오로지 모든 내용과 의미를 갖는 한에서 그것의 내용이 우리에게 알려진다." - 아르투르 쇼펜하우어, 〈의지와 표상으로서의 세계〉

우리는 흔히 좋은 관계란 함께하는 시간이 많을수록 깊어진다고 생각한다. 하지만 경험적으로 알 수 있듯, 늘 붙어 있는 관계가 반드시 더 단단하지는 않다. 오히려 가장 가까운 사람에게서 가장 큰 피로를 느끼는 경우가 많다. 앞서 살펴본 것처럼, 가까워질수록 기대가 커지고 상처가 깊어지는 것은 인간관계의 숙명이다. 그렇다면 어떻게 관계를 지속하면서도 소진되지 않을 수 있을까. 해답은 아이러니하게도 혼자만의 시간 속에 있다.

사람들과 어울리는 일은 즐겁지만 동시에 많은 에너지를 소모한다. 상대의 표정과 말투를 읽고, 불편하지 않게 대화를 이어가며, 상황에 맞춰 나를 조율해야 한다. 이런 긴장은 의식하지 못하는 사이에 마음을 지치게 만든다. 하루를 온전히 관계 속에서 보낸 뒤 집으로 돌아와 문을 닫는 순간, 우리는 본능적으로 고요를 갈망한다. 그 짧은 시간이 없다면 관계는 곧 피로로 변하고, 결국 회피나 단절로 이어진다.

쇼펜하우어가 강조한 고독의 의미는 단순한 외로움이 아니다. 그는 인간이 본질적으로 타인과 완전히 하나 될 수 없는 존재임을 전제했다. 따라서 홀로 있는 시간은 관계의 결핍이 아니라 존재의 본질을 확인하는 과정이다. 타인과 함께 있을 때는 수많은 시선이 나를 규정한다. 그러나 혼자 있을 때 비로소 나는 나의 욕망과 두려움, 그리고 내가 진정으로 원하는 길을 직면할 수 있다. 관계 속에서 흔들리지 않으려면, 이런 자기 성찰의 시간이 필요하다.

또한 혼자만의 시간은 관계를 건강하게 유지하는 장치다. 늘 붙어 있으면 상대의 단점이 더 크게 보이고, 사소한 말이나 행동도 갈등으로 번지기 쉽다. 그러나 잠시 떨어져 있는 순간은 오히려 상대의 소중함을 되새기게 한다. 머릿속의 추상적 기대는 '항상 함께해야 한다'는 믿음이지만, 실제 경험은 떨어져 있을 때 오히려 관계가 더 단단해진다는 역설을 보여준다. 연인 사이에서든 가족 사이에서든, 떨어져 있어야만 다시 가까워질 수 있다. 관계는 역설적으로 거리를 통해 더 오래 살아남는다. 혼자 있는 시간이 부족할수록 관계는 소모적으로 되고, 서로를 질식하게 만든다.

이 시간은 단순한 휴식이 아니라 내 안의 힘을 회복하는 과정이기도 하다. 혼자 있을 때 우리는 책을 읽거나, 걷거나, 아무것도 하지 않으며 내면을 정리할 수 있다. 그 안에서 쌓이는 안정감은 다시 관계로 들어갔을 때 나타난다. 자기 자신과 충분히 대화한 사람은 타인의 말에 덜 흔들리고, 불필요한 오해에도 쉽게 휘청이지 않는다. 결국 혼자만의 시간이야말로 타인과 진정으로 잘 어울리기 위한 준비 시간이다.

현대 사회는 이 시간을 **빼앗는** 구조로 되어 있다. 오히려 의도적으로 연결을 끊고 혼자 있는 시간을 마련해야 관계는 오래 지속될 수 있다. 잠시 연결을 멈추는 용기가 오히려 관계를 지켜낸다. 사이토 다카시는 《혼자 있는 시간의 힘》에서 이렇게 말한다.

"스스로에게 기대하는 힘, 나는 이것을 '자기력(自期力)'이라고 부른다."

결국 혼자 있는 시간은 단순한 고립이 아니라, 자기력이라는 내적 힘을 키워 타인과의 관계를 더 건강하게 이어갈 수 있게 만드는 원천이 된다.

무엇보다 혼자만의 시간을 두려워하지 않는 태도가 필요하다. 많은 사람들이 혼자 있는 것을 외로움으로 오해한다. 그러나 외로움은 결핍이고, 고독은 충만이다. 고독을 견딜 수 있을 때, 우리는 더 이상 타인의 인정과 기대에 얽매이지 않는다. "혼자 있어도 괜찮다"라는 확신이 있을 때, 인간관계는 더 자유롭고 가벼워진다. 쇼펜하우어가 말했듯, 고독을 받아들일 수 있는 자만이 진정으로 자유로운 인간이다.

결국 혼자만의 시간은 관계를 끊기 위한 것이 아니라, 관계를 지켜내기 위한 것이다. 이 시간은 나를 회복시키고, 내면을 단단하게 하며, 관계를 새롭게 바라보게 한다. 자기 자신과 먼저 친밀해지지 못한다면, 어떤 관계도 오래 버틸 수 없다. 혼자의 고요를 두려워하지 않을 때, 관계는 짐이 아니라 삶을 풍요롭게 만드는 자원이 된다.

자기 자신과 충분히 대화한 사람은 타인의 말에 덜 흔들리고, 불필요한 오해에도 쉽게 휘청이지 않는다. 결국 혼자만의 시간이야말로 타인과 진정으로 잘 어울리기 위한 준비 시간이다.

자기 자신과 충분히 대화한 사람은 타인의 말에 덜 흔들리고, 불필요한 오해에도 쉽게 휘청이지 않는다. 결국 혼자만의 시간이야말로 타인과 진정으로 잘 어울리기 위한 준비 시간이다.

필연적 고독을 인정해야 하는 이유

"내 생각에 따르면 모든 철학은 항상 이론적이다."
– 아르투르 쇼펜하우어, 〈의지와 표상으로서의 세계〉

인간은 본질적으로 사회적 존재다. 우리는 태어나는 순간부터 타인과 관계를 맺으며 성장한다. 가족의 돌봄 속에서 자라고, 친구와 함께 배우고, 사회적 협력 속에서 삶을 이어간다. 그러나 동시에 인간은 누구와도 완전히 하나가 될 수 없는 고독한 존재이기도 하다. 철학은 인간의 조건을 설명해 주지만, 그 고독을 실제로 살아내는 것은 각자의 몫이다. 인간은 사유 속에서 고독을 이해할 수 있을지라도, 그 고독을 감당하는 일은 철저히 실천의 문제다. 결국 우리는 고독을 단순히 이론적으로 아는 것을 넘어, 삶 속에서 받아들이고 소화해야 한다. 아무리 가까운 사람일지라도 내 마음속 깊은 생각과 감정을 전부 이해할 수는 없다. 결국 인간은 태생적으로 고독을 안고 살아갈 수밖에 없다.

이 고독은 선택이 아니라 조건이다. 누군가는 고독을 극복해야 할 문제로 여긴다. 친구를 많이 사귀고, 가족과 함께 시간을 보내고, 연인을 만나면 외로움이 사라질 것이라 믿는다. 그러나 시간이 지날수록 알게 된다. 아무리 많은 사람들과 연결되어 있어도, 근본적인 고독은 해소되지 않는다. 그것은 인간의 구조적 한계이자 숙명이다. 쇼펜하우어가 인간의 삶을 '의지와 욕망의 끝없는 갈등'으로 본 이유도 여기에 있다. 서로 기대고 의지하려 하지만, 결국 마지막 순간에는 각자가 혼자가 된다.

고독을 부정하면 관계는 오히려 더 힘들어진다. 상대에게 내 고독을 채워달라는 요구를 하게 되기 때문이다. 연인에게 모든 이해를 바라고, 친구에게 끝없는 지지를 구하며, 가족에게 내 불안을 덜어달라고 기대한다. 그러나 이런 요구는 결국 상대를 지치게 하고, 관계를 무너뜨린다. 고독을 인정하지 못하는 사람일수록 더 큰 외로움에 시달린다. 타인에게 고독을 대신 짊어달라고 하는 순간, 관계는 무너질 수밖에 없다.

반대로 고독을 받아들이는 사람은 관계에서도 자유롭다. 그는 타인에게서 모든 것을 기대하지 않는다. 혼자만의 시간을 통해 자신을 다스리고, 자기 내면과 대화하며, 자신을 스스로 위로할 수 있다. 그래서 오히려 타인과 더 성숙한 관계를 맺는다. 고독을 인정할 수 있어야 비로소 관계가 선택되고, 사랑이 자유로워진다. 타인에게 내 고독을 메워달라고 요구하지 않을 때, 함께하는 시간은 더 가볍고 소중해진다.

고독을 인정한다는 것은 삶의 유한함을 받아들이는 일이기도 하다. 결국 인간은 혼자 태어나 혼자 죽는다. 그사이의 관계들은 모두 일시적인 만남일 뿐이다. 이 사실을 회피하면 관계에 매달리게 되고, 매달릴수록 상처와 불안이 커진다. 그러나 고독을 숙명으로 받아들이면 오히려 삶은 단단해진다. 관계는 덤이 되고, 타인은 더 이상 의존의 대상이 아니라 존중의 대상이 된다.

오늘날의 사회는 고독을 실패처럼 여긴다. 언제나 무리 속에 있어야 하고, 늘 관계를 관리해야 하는 것처럼 압박한다. 그러나 아이러니하게도 그 속에서 더 많은 사람들이 외로움에 시달린다. 끊임없는 연결은 고독을 없애주지 않는다. 오히려 자기 자신과 단절된 채, 더 깊은 공허감으로 몰아넣는다. 이때 필요한 것은 고독을 없애려는 노력이 아니라, 고독을 삶의 일부로 인정하는 용기다.

쇼펜하우어는 고독을 두려워하지 않는 자만이 자유로울 수 있다고 했다. 고독은 나를 억누르는 감옥이 아니라, 스스로를 발견하는 기회다. 관계에서 자유롭고 싶다면, 먼저 혼자일 수 있어야 한다. 고독을 인정하지 않는 사람은 타인의 인정 없이는 살아갈 수 없지만, 고독을 받아들인 사람은 혼자 있어도 충만하다. 그는 관계를 선택할 수 있고, 선택한 관계 속에서도 자신을 잃지 않는다.

필연적 고독을 인정하는 순간, 인간관계의 풍경은 달라진다.

타인에게서 내 부족함을 채워달라는 기대가 줄어들고, 대신 있는 그대로의 타인을 받아들일 수 있게 된다. 관계는 소유가 아니라 동행이 된다. 그리고 그 동행은 언젠가 끝날 수 있다는 사실을 알기에, 더 감사하고 충실하게 대할 수 있다. 고독을 받아들인 자만이 진정으로 타인을 사랑할 수 있다.

결국 인간관계의 지혜는 고독을 부정하지 않는 데서 출발한다. 우리는 함께 살아가지만, 언제나 혼자라는 사실을 잊지 말아야 한다. 고독은 피할 수 없는 인간의 조건이자, 우리를 자유롭게 만드는 힘이다. 그것을 인정할 때, 관계는 억압이 아니라 기쁨이 되고, 삶은 두려움이 아니라 충만으로 다가온다.

관계에서 자유롭고 싶다면, 먼저 혼자일 수 있어
야 한다.

관계에서 자유롭고 싶다면, 먼저 혼자일 수 있어
야 한다.

'적당한 거리'를 유지하는 기술

"철학은 현존하는 것을 해석하고 설명하는 것, 구체적으로 감정으로서 모든 사람에게 이해시키면서 세계의 본질을 명확하게 하고, 이성의 추상적인 인식으로 가져가는 것 이외의 다른 것을 할 수가 없다." – 아르투르 쇼펜하우어, 〈의지와 표상으로서의 세계〉

인간관계에서 가장 어려운 과제는 '어떻게 가까워질 것인가'가 아니라 '어떻게 거리를 조절할 것인가'다. 쇼펜하우어의 철학은 우리가 살아가는 세계를 해석하고 설명하는 도구다. 인간관계 역시 마찬가지다. 가까움과 고독, 온기와 상처라는 이 모순된 경험을 단순한 감정 차원이 아니라 인간 조건의 본질로 이해할 때, 우리는 관계 속에서 필요한 기술을 더 분명히 볼 수 있다. 따라서 '적당한 거리'를 유지하는 문제는 단순한 생활 습관이 아니라, 삶을 해석하는 철학적 과제이기도 한 것이다. 너무 멀면 고립되고,

너무 가까우면 상처받는다. 앞선 장에서 살펴본 대로, 인간은 본질적으로 고독한 존재이면서도 타인의 온기를 갈망하는 모순적인 존재다. 따라서 관계의 지혜는 적당한 거리를 유지하는 기술에 달려 있다.

거리의 기술은 먼저 경계 설정에서 시작된다. 우리는 관계 속에서 자주 '이 정도는 당연히 해줘야 한다'는 무언의 기대를 마주한다. 친구니까, 가족이니까, 동료니까 요구를 들어줘야 한다는 압박은 곧 내 삶의 영역을 침범한다. 그러나 적당한 거리란 곧 나의 경계를 분명히 하는 것이다. 감당할 수 있는 부탁은 받아들이되, 내 삶을 무너뜨리는 요구에는 단호하게 선을 그어야 한다. 이는 차가움이 아니라 자기 보호이며, 오히려 관계를 오래 지키는 길이다.

또 하나의 기술은 침묵과 부재를 두려워하지 않는 것이다. 우리는 대화가 끊기면 관계가 멀어진다고 생각한다. 하지만 꼭 그렇지 않다. 때로는 침묵이야말로 서로를 지켜주는 언어가 된다. 연락이 뜸하다고 해서 우정이 사라지는 것은 아니며, 잠시 떨어져 있는 시간은 오히려 관계를 숨 쉬게 한다. 상대의 모든 순간을 함께하려는 집착을 내려놓을 때, 비로소 관계는 자유로워진다.

적당한 거리를 유지하기 위해서는 시간의 균형도 필요하다. 관계에 쏟는 시간과 혼자에게 쓰는 시간이 균형을 이루지 못하면 어느 쪽이든 파괴된다. 누군가에게 지나치게 매달리면 스스로를 잃고, 혼자만 고집하면 고립된다. 하루 중 일정한 시간은 의도적으로 혼자 보내고, 나머지 시간은 타인과 함께 나누는 식으로 균형을 맞출 때, 관계는 안정감을 얻는다.

또한 감정의 강도를 조절하는 것이 중요하다. 친밀감은 강렬한 감정 교류에서 비롯되지만, 그것이 지나치면 쉽게 소진된다. 상대에게 모든 기쁨과 슬픔을 다 털어놓기보다, 일정 부분은 스스로 다스리는 힘이 필요하다. 타인에게 의존하지 않고도 내 감정을 감당할 수 있을 때, 관계는 부담이 아니라 위로가 된다.

이와 함께 관찰의 태도를 기르는 것도 거리의 기술이다. 사람은 관계 속에서 즉각적인 반응을 하려는 습관이 있다. 그러나 한 발짝 물러서서 상황을 바라보는 훈련을 하면, 불필요한 갈등을 줄일 수 있다. 쇼펜하우어가 인간을 '욕망의 존재'라고 보았듯, 우리는 본능적으로 충돌할 수밖에 없다. 이때 즉시 반응하는 대신 거리를 두고 바라보면, 관계를 더 차분하게 다스릴 수 있다.

현대 사회에서 이 거리는 더욱 절실하다. SNS는 우리를 언제나 연결해 두지만, 역설적으로 관계를 더 소모적으로 만든다. 적당한 거리를 유지한다는 것은 때로는 알림을 꺼두고, 대답을 늦추고, 온라인의 관계망에서 잠시 벗어나는 것이다. 이것은 무심함이 아니라, 관계를 건강하게 지키기 위한 자기 조절이다.

결국 적당한 거리를 유지하는 기술은 복잡하지 않다. 그것은 선 긋기, 침묵 허용, 시간 배분, 감정 조절, 관찰의 태도라는 다섯 가지 작은 실천 속에 숨어 있다. 이 실천들이 쌓일 때 관계는 더 가볍고 자유로워진다. 지나친 기대와 과도한 친밀감이

만들어내는 상처에서 벗어나, 오히려 더 오래 지속되는 관계를
만들어낸다.

쇼펜하우어의 통찰대로, 인간은 서로를 원하지만 동시에 서로
를 상처 입힌다. 그렇다면 가장 현실적인 지혜는 '적당한 거리'다.
가까이하면서도 얽매이지 않고, 멀어지면서도 단절되지 않는 그
간격. 그곳에서 비로소 관계는 오래가고, 삶은 평온해진다.

'적당한 거리'를 유지하는 문제는 단순한 생활 습관이 아니라, 삶을 해석하는 철학적 과제이다.

'적당한 거리'를 유지하는 문제는 단순한 생활 습관이 아니라, 삶을 해석하는 철학적 과제이다.

2장 인간은 왜 이기적인 존재인가: 관계의 본질을 파헤치다

쇼펜하우어가 본 인간 본성

"순수한 시간 그 자체 속에서 나타나며 모든 숫자를 세는 것과 계산하는 것에 관계하는 충분 근거율의 형태를 인식한 사람은 이와 함께 시간의 본질 전체를 인식하였다."

– 아르투르 쇼펜하우어, 〈의지와 표상으로서의 세계〉

우리가 인간관계 속에서 끊임없이 상처받고, 기대에 흔들리고, 고독을 피하지 못하는 이유는 어디에서 비롯되는 것일까. 쇼펜하우어는 그 답을 인간 본성에서 찾았다. 시간은 단순히 흘러가는 것이 아니라, 우리의 경험을 구조화하고 욕망과 고통을 반복하게 만드는 틀이다. 인간이 관계 속에서 상처받고 흔들리는 것도 결국 이 시간의 구조 속에서, 끊임없는 원인과 결과, 기대와 실망이 이어지는 필연적 과정이라는 것이다. 그는 인간을 낭만적으로 보지 않았다. 오히려 철저하게 비관적이고 냉정한 시선으로 인간을 분석했다. 그래서 그의 철학은 때로 차갑지만, 동시에 현실적이다.

쇼펜하우어가 본 인간의 본성은 한마디로 "의지"다. 그는 세계를 이성적 질서나 신의 섭리로 설명하지 않았다. 대신 맹목적인 '의지(Wille)'가 모든 존재의 근원이라고 보았다. 이 의지는 이성적으로 설명되지 않고, 멈추지도 않으며, 끝없이 욕망한다. 인간 역시 예외가 아니다. 우리는 끊임없이 무언가를 원하고, 충족되면 또 다른 것을 원하며, 그 과정에서 갈등과 고통을 만들어낸다.

이 맹목적 욕망은 인간관계에서도 그대로 드러난다. 사람들은 타인과 연결되기를 원하면서도, 동시에 자기중심적으로 행동한다. 가까워질수록 서로의 욕망이 부딪히고, 결국 상처가 생긴다. 쇼펜하우어가 말한 고슴도치 딜레마는 바로 이 인간 본성의 축소판이다. 우리는 추위를 피하려 서로에게 다가가지만, 가까워질수록 가시에 찔린다. 인간은 서로에게 필요한 동시에 서로를 해칠 수밖에 없는 존재인 것이다.

그는 또한 인간을 근본적으로 이기적 존재로 보았다. 사람들은 타인을 사랑한다고 말하지만, 그 속을 들여다보면 결국 자기 욕망의 연장이 많다. 인정받고 싶어서, 외롭지 않기 위해서, 필요를 채우기 위해서 관계를 맺는다. 심지어 이타적 행동조차 자기만족이나 불안 해소의 결과일 수 있다. 쇼펜하우어는 인간의 이기심을 숨김없이 드러냈다. 그렇기에 그는 인간관계를 낭만적으로 기대하지 말고, 냉정하게 현실로 보라고 했다.

이러한 인간 본성에 대한 인식은 우리에게 불편한 진실을 알려준다. 왜 우리는 관계에서 늘 실망하는가? 왜 아무리 친밀해도 공허함이 남는가? 그것은 상대가 특별히 나쁘거나, 내가 모자라서가 아니다. 인간 자체가 본래 불완전하고 자기중심적이기 때문이다. 관계가 힘든 것은 예외적인 사건이 아니라, 본성의 자연스러운 결과다.

그러나 쇼펜하우어는 단순히 인간을 비난하려 한 것이 아니다. 오히려 이 비관적 통찰은 우리를 현실적으로 살게 한다. 인간의 본성을 인정하면, 관계에서 불필요한 기대를 내려놓을 수 있다. 타인에게서 완전한 이해를 바라는 대신, 어느 정도의 오해와 실망은 감수할 수 있다. 누군가의 행동을 전적으로 내 탓으로 돌리기보다, 인간 본성의 한계에서 비롯된 현상으로 받아들일 수 있다.

그는 인간이 본성적으로 욕망하고 충돌할 수밖에 없다면, 우리가 할 수 있는 일은 그 욕망을 절제하고, 거리를 유지하며, 고독을 감내하는 것이라 보았다. 이는 단순히 냉소적인 태도가 아니라, 더 성숙한 삶의 태도다. 현실을 있는 그대로 바라보는 데서 진짜 자유가 시작되기 때문이다.

결국 쇼펜하우어가 본 인간 본성은 우리에게 두 가지 메시지를 준다. 하나는 관계의 피로는 필연적이라는 사실, 다른 하나는 그 필연을 인정해야 자유로워진다는 사실이다. 인간은 욕망하는 존재이고, 자기중심적인 존재이며, 따라서 관계 속에서 충돌하는 것은 당연하다. 이 진실을 받아들이는 순간, 우리는 더 이상 완벽한 관계를 찾으려 애쓰지 않는다. 대신 적절한 거리와 고독 속에서 관계를 유지하는 지혜를 배운다.

"우리는 끊임없이 무언가를 원하고, 충족되면 또 다른 것을 원하며, 그 과정에서 갈등과 고통을 만들어낸다."

"우리는 끊임없이 무언가를 원하고, 충족되면 또 다른 것을 원하며, 그 과정에서 갈등과 고통을 만들어낸다."

이기심과 공감, 둘 다 타고난 본성이다

"시간은 충분 근거율의 바로 이런 형태 이외의 다른 어떤 속성을 지나지 않는다."

— 아르투르 쇼펜하우어, 〈의지와 표상으로서의 세계〉

쇼펜하우어는 인간을 철저히 이기적인 존재로 보았다. 그는 인간의 모든 행동은 결국 자기 보존과 욕망 충족에서 비롯된다고 말했다. 누군가를 돕는 것조차 깊이 들여다보면 자기만족이거나 불안을 덜기 위한 선택일 수 있다. 그래서 그는 인간관계에서 너무 큰 기대를 품지 말라고 경고했다. 그러나 동시에 그는 인간 안에 '연민(Mitleid)'이라는 특별한 능력이 있음을 강조했다. 이 연민은 이기심과는 다른 차원에서 작동하는 본성이며, 인간을 인간답게 만드는 중요한 요소다.

우리는 흔히 이기심과 공감을 서로 대립하는 성향으로 본다.

그러나 실제로는 두 성향이 모두 인간에게 타고난 본성이다. 인간은 자기 보존을 위해 본능적으로나 이기적으로 행동하면서도, 타인의 고통을 보며 마음 아파하고 돕고자 하는 충동을 느낀다. 길을 가다 넘어져 다친 사람을 보면 본능적으로 손을 내밀고, 뉴스에서 불행한 사건을 접하면 알지 못하는 타인의 고통에도 눈물이 난다. 이것은 이성적 계산의 결과가 아니라 자연스러운 공감 능력이다.

흥미로운 점은, 이기심과 공감은 서로를 억누르는 것이 아니라 동시에 작동한다는 사실이다. 시간은 모든 현상을 원인과 결과의 흐름 속에서 드러내며, 인간의 본성 역시 이 틀 안에서 움직인다. 이기심이든 공감이든, 각각은 독립적으로 존재하는 것이 아니라 시간 속에서 끊임없이 서로를 불러내고 맞부딪히는 양면적 현상이다. 그래서 우리는 욕망을 좇으면서도 동시에 연민을 느끼는 모순적 존재가 될 수 있는 것이다. 우리는 때로 자기 이익을 위해 냉정하게 행동하면서도, 동시에 타인의 고통에는 연민을 느낀다. 예를 들어 직장에서 경쟁자를 앞지르기 위해 치열하게 노력하면서도, 그 경쟁자가 큰 불행을 겪으면 진심으로 위로하고 돕고 싶어 한다. 인간은 모순적이지만, 바로 그 모순 속에서 인간다움이 드러난다.

쇼펜하우어는 인간의 도덕적 가능성을 이 연민에서 찾았다. 그는 '연민이야말로 도덕의 근원'이라고 말했다. 이기심만으로는 도덕이 성립할 수 없다. 그러나 타인의 고통을 자기 고통처럼 느끼는 순간, 인간은 이기적 욕망을 넘어선다. 그렇다고 연민이 인간을 완전히 이타적인 존재로 바꾸지는 못한다. 인간은 여전히 자기중심적이고, 이익을 추구한다. 하지만 그 속에서도 타인을 배려할 수 있는 능력을 갖추고 있다는 사실은 중요한 희망이다.

이 양면성은 인간관계에서도 그대로 드러난다. 누군가는 자신의 이익을 위해 타인을 이용하기도 하지만, 동시에 가까운 이의 아픔에는 진심으로 마음 아파한다. 가족을 위해 헌신하는 부모는 분명 이기심을 넘어선 모습이다. 그러나 그 사랑조차 깊이 보면 '내 자식이니까'라는 자기 확장적 이기심이 함께 작동한다. 이처럼 인간의 관계는 이기심과 공감이 얽혀 있는 복잡한 구조다.

이 사실을 받아들이는 것이 중요하다. 인간은 본래 이기적이기 때문에 타인에게 실망할 수밖에 없다. 그러나 동시에 인간은 공감 능력을 지니기 때문에 서로를 위로하고 지탱할 수도 있다. 한쪽만을 강조하면 관계를 왜곡한다. 인간을 전적으로 이기적이라고 단정하면 모든 관계가 불신으로만 보이고, 반대로 인간을 전적으로 선하다고 믿으면 작은 배신에도 무너진다. 현실은 양쪽 모두가 본성이라는 점을 인정하는 데 있다.

현대 사회의 갈등 역시 이 양면성에서 비롯된다. 경쟁이 치열한 사회에서는 이기심이 더 두드러지고, 연대와 협력이 필요한 순간에는 공감이 빛난다. 우리는 두 본성을 모두 경험하며 살아간다. 중요한 것은 어느 쪽이 옳으냐가 아니라, 두 본성이 모두 인간이라는 사실을 받아들이고 균형을 찾는 것이다.

결국 쇼펜하우어가 우리에게 던지는 메시지는 명확하다. 인간은 욕망과 이기심으로 가득 차 있지만, 동시에 공감이라는 특별한 능력을 지닌다. 이 두 본성이 얽혀 있기에 인간관계는 힘들지만, 그럼에도 버틸 수 있다. 이기심만 있었다면 관계는 이미 무너졌을 것이고, 공감만 있었다면 인간은 고통 앞에서 너무 쉽게 무너졌을 것이다. 둘 다 타고난 본성이기에, 우리는 상처받으면서도 여전히 서로를 찾는다.

"인간은 본래 이기적이기 때문에 타인에게 실망할 수밖에 없다. 그러나 동시에 인간은 공감 능력을 지니기 때문에 서로를 위로하고 지탱할 수도 있다."

"인간은 본래 이기적이기 때문에 타인에게 실망할 수밖에 없다. 그러나 동시에 인간은 공감 능력을 지니기 때문에 서로를 위로하고 지탱할 수도 있다."

우리는 왜 타인의 인정에 집착하는가

"생각할 수 있는 수많은 현상과 상태들은 서로를 제한하지 않고 무한한 공간 속에서 서로가 나란히 놓여 있거나 서로 방해하지 않고서 연달아 일어난다"

— 아르투르 쇼펜하우어, 〈의지와 표상으로서의 세계〉

인간은 본능적으로 타인의 시선을 의식하며 살아간다. 새 옷을 입으면 누군가 알아봐 주길 기대하고, 성취를 이루면 칭찬을 받고 싶어 한다. 반대로 무시당하거나 평가절하되면 쉽게 상처받는다. 사실 우리는 다른 누구보다 스스로를 잘 알고 있음에도 불구하고, 자기 확신만으로는 만족하지 못한다. 결국 삶의 많은 부분이 타인의 인정 때문에 흔들린다. 그렇다면 왜 우리는 이렇게 타인의 시선과 인정에 집착하는 것일까.

첫 번째 이유는 존재 확인의 욕구 때문이다. 인간은 사회적 동물로서 타인과 관계를 맺으며 정체성을 형성한다. '나는 누구인 가'라는 질문에 대한 답은 종종 타인의 반응 속에서 얻어진다. 칭찬은 내가 잘하고 있다는 신호로 받아들이고, 비난은 내가 부족하다는 증거처럼 느껴진다. 결국 우리는 타인의 시선을 거울삼아 자신을 확인한다. 혼자만의 확신보다, 타인의 인정이 훨씬 강력하게 나를 규정한다고 믿는 것이다.

두 번째 이유는 비교와 경쟁의 본능이다. 쇼펜하우어가 지적했듯 인간은 끝없이 욕망하는 존재다. 그러나 그 욕망은 절대적인 것이 아니라 상대적인 경우가 많다. 인간의 욕망과 인정 욕구도 이와 같다. 절대적 기준 하나가 우리를 만족시키는 것이 아니라, 무수한 비교와 경쟁의 상태 속에서 끊임없이 새롭게 형성된다. 그래서 우리는 성취를 이루어도 만족하지 못하고, 언제나 타인의 시선과 성과 속에서 자기 위치를 확인하려 한다. 같은 성과라도 타인보다 뛰어나야 만족을 느낀다. 그래서 인정 욕구는 단순히 나를 확인하는 차원을 넘어, 타인과 비교했을 때 우위에 있다는 증거로 작동한다. 인정은 곧 경쟁에서 이겼다는 신호로 해석되고, 무시는 곧 패배로 느껴진다.

세 번째 이유는 불안의 해소다. 우리는 늘 '내가 잘 살고 있는가?'라는 의문에 시달린다. 스스로를 평가하기는 어렵고, 기준도 모호하다. 그래서 타인의 인정이 불안을 덜어주는 손쉬운 지표가 된다. 누군가 "잘하고 있다"고 말해주면 순간적으로 안도감을 느끼고, "부족하다"는 평가를 받으면 불안이 증폭된다. 결국 인정은 불안정한 자존감을 잠시나마 지탱해 주는 임시방편이 된다.

문제는 이 인정 욕구가 과도해질 때 생긴다. 타인의 평가에 지나치게 집착하면, 결국 내 삶은 타인의 눈에 종속된다. 쇼펜하우어가 경고한 것도 바로 이 지점이다. 그는 "자신의 삶을 타인의 눈으로 바라보는 사람은 결코 행복할 수 없다"라고 했다. 타인의 인정에만 기대어 살아가면, 진짜 나는 사라지고 남들이 원하는 모습만 남는다. 그 순간 인정은 나를 지탱하는 힘이 아니라, 나를 지배하는 족쇄가 된다.

그렇다고 인정 욕구를 완전히 없앨 수도 없다. 그것은 인간 본성의 일부이기 때문이다. 중요한 것은 인정을 어떻게 다루느냐다. 타인의 시선이 나를 확인해 주는 거울일 수는 있지만, 그것이 내 존재 전체를 결정하게 두어서는 안 된다. 칭찬은 겸손히 받아들이되, 그것이 나의 전부는 아니라고 분별해야 한다. 비난은 참고하되, 그것이 나의 가치를 완전히 무너뜨릴 수는 없다고 받아들여야 한다.

궁극적으로 우리가 집착해야 할 것은 타인의 인정이 아니라 자기 자신의 인정이다. 홀로 있을 때도 스스로에게 고개를 끄덕일 수 있다면, 타인의 평가에 덜 흔들린다. 고독 속에서 자기 확신을 다질 수 있을 때, 관계 속에서도 자유로워진다. 쇼펜하우어가 말한 고독의 가치는 바로 여기 있다. 타인의 인정이 아닌 자기 인정을 토대로 서는 것, 그것이 진정한 자유의 시작이다.

결국 우리는 타인의 인정에 집착하는 이유를 부정할 수 없다.

그것은 인간의 본능이며, 역사와 진화의 산물이다. 그러나 그것이 전부가 되어서는 안 된다. 인정 욕구를 인정하되, 그것에 종속되지 않는 법을 배워야 한다. 타인의 시선은 참고할 지표일 뿐, 내 삶의 방향을 결정하는 나침반은 아니다. 그 나침반을 스스로 쥘 때, 우리는 비로소 타인의 인정으로부터 자유로워질 수 있다.

"자신의 삶을 타인의 눈으로 바라보는 사람은 결코 행복할 수 없다."

"자신의 삶을 타인의 눈으로 바라보는 사람은 결코 행복할 수 없다."

사랑과 우정도 결국은 이해관계인가?

"우리는 물질의 전체 본질이 작용 속에, 즉 인과성 속에 있다는
점을 발견해 내었다."

– 아르투르 쇼펜하우어, 〈의지와 표상으로서의 세계〉

사람들은 사랑과 우정을 인간관계의 가장 순수한 형태라고 믿
는다. 가족애나 우정, 연인의 사랑은 이기심을 넘어선 헌신으로
이해되곤 한다. 그러나 쇼펜하우어의 시선은 달랐다. 그는 냉정
하게도 인간의 모든 관계가 결국 이해관계에 얽혀 있다고 보았
다. 그렇다면 우리가 소중하게 여기는 사랑과 우정도 예외가 아
닐까.

사랑을 먼저 보자. 쇼펜하우어는 사랑조차 본능적 의지의 산물
이라고 말했다. 인간은 종족 보존을 위해 무의식적으로 짝을 찾
는다. 열정적인 감정과 낭만적인 언어는 사실 유전자를 이어가기

위한 본능의 가면일 뿐이라는 것이다. 그가 말한 '성적 의지'는 사랑의 순수성을 해체한다. 연인의 헌신과 희생조차 깊이 들여다보면 자기 욕망의 연장이며, 종종 "내 것"으로 소유하고자 하는 의지에서 비롯된다. 결국 사랑은 순수한 감정이 아니라, 욕망이라는 이해관계 속에서 작동한다는 것이다.

우정도 마찬가지다. 우리는 친구를 이해와 공감, 함께하는 즐거움으로 정의한다. 하지만 실제로 많은 우정은 비슷한 환경, 공통의 관심사, 사회적 자본이라는 이해관계 위에 형성된다. 쇼펜하우어는 이를 철학적으로 "물질의 전체 본질은 작용, 곧 인과성 속에 있다"라고 표현했다. 사랑과 우정 역시 이런 인과적 조건 속에서 작동한다. 즉, 감정이 그저 순수하게 솟아나는 것이 아니라, 특정한 환경과 조건, 욕망과 필요라는 원인에 의해 촉발되고 유지된다. 우리가 우정을 쌓는 과정이나 사랑에 빠지는 순간조차, 사실은 보이지 않는 인과의 법칙이 작용한 결과인 셈이다. 학교 친구는 학업이라는 공통 조건이 있었기에 가능했고, 직장 동료와의 우정은 같은 목표와 상황이 있었기에 만들어진다. 서로에게서 얻을 것이 전혀 없다면 과연 우정은 지속될 수 있을까? 쇼펜하우어라면 고개를 저었을 것이다. 그는 인간의 이기심을 고려할 때, 모든 우정은 크든 작든 이해관계에 기초한다고 보았다.

그렇다고 해서 사랑과 우정이 모두 위선이라는 말은 아니다. 인간의 본성이 이기적이라는 사실을 인정하는 것은, 관계를 더 현실적으로 바라보게 한다. 사랑이 본능적 욕망에서 비롯되더라도, 그 과정에서 서로를 지지하고 성장시키는 힘을 발휘한다면 그것은 여전히 의미가 있다. 우정이 이해관계 속에서 시작되더라도, 시간이 지나며 진정한 신뢰와 배려로 발전할 수도 있다. 관계의 출발이 이기적이라고 해서 그 전부가 이기적이라는 뜻은 아니다.

실제로 사랑과 우정에는 분명 '이해관계'가 숨어 있다. 그러나 동시에 인간은 공감과 연민이라는 또 다른 본성을 지니고 있다. 부모가 자식을 위해 헌신하는 모습, 친구가 위기의 순간 손을 내밀어주는 순간은 단순히 계산된 이해관계만으로 설명하기 어렵다. 이기심과 공감이 동시에 작동하는 것이 인간관계의 현실이다.

문제는 우리가 사랑과 우정을 지나치게 이상화할 때 생긴다. 관계를 절대적으로 순수하고 무조건적인 것으로 믿으면, 실망과 상처가 더 크게 다가온다. 반대로 그것을 철저히 이해관계로만 보면, 모든 관계가 불신으로 변한다. 중요한 것은 양쪽을 동시에 인정하는 것이다. 사랑과 우정은 이해관계 위에 세워지지만, 그 안에서 인간의 연민과 공감이 더해질 때 비로소 의미를 가진다.

쇼펜하우어는 인간관계를 낭만적으로 미화하지 않았다. 그의 철학은 차갑지만, 오히려 그 차가움이 우리를 자유롭게 만든다. 사랑과 우정이 완벽하게 순수하지 않다는 사실을 인정하면, 우리는 더 이상 관계에 과도한 기대를 걸지 않는다. 기대가 줄어들면 실망도 줄어든다. 그리고 남는 것은 현실적이면서도 오래가는 관계다.

결국 사랑과 우정이 이해관계라는 질문의 답은 "그렇다, 그러나 그것만은 아니다"라고 할 수 있다. 인간은 이기심의 본성 속에서도 공감과 연민의 가능성을 동시에 지닌다. 이기심이 관계를 시작하게 한다면, 공감은 그것을 지속하게 한다. 사랑과 우정은 순수하지 않을 수 있지만, 바로 그 불완전함 속에서 더 인간적이고, 그래서 더 소중하다.

인간의 본성이 이기적이라는 사실을 인정하는 것은, 관계를 더 현실적으로 바라보게 한다."

인간의 본성이 이기적이라는 사실을 인정하는 것은, 관계를 더 현실적으로 바라보게 한다."

인간관계의 가장 큰 착각: '상대도 나를 생각할 것이다'

"시간, 공간과 인과성은 우리 지성의 장치이다."

— 아르투르 쇼펜하우어, 〈의지와 표상으로서의 세계〉

인간관계에서 가장 흔히 저지르는 실수는 '내가 상대를 생각하는 만큼, 상대도 나를 생각해 줄 것'이라고 믿는 것이다. 우리가 세상을 있는 그대로가 아니라, 자기 지성의 틀 속에서 바라보듯 인간관계도 마찬가지다. 상대를 있는 그대로 보기보다, 내가 가진 사고의 틀과 기대를 그대로 투영한다. 그래서 '내가 이렇게 생각하니, 상대도 그럴 것'이라는 착각에 빠지기 쉽다. 그러나 이 틀은 언제나 나의 것이지, 상대의 것이 될 수 없다. 우리는 친구에게 작은 선물을 하며 '나도 이런 걸 받겠지'라는 기대를 품고, 연인에게 배려하며 '상대도 언젠가 이렇게 해줄 거야'라고 상상한다. 그러나 현실은 다르다. 내가 쏟은 마음이 반드시 똑같이 돌아오지 않는다. 이 불균형에서 실망과 상처가 시작된다.

쇼펜하우어는 인간을 철저히 자기중심적인 존재로 보았다. 각자는 자기 욕망을 충족하는 데 집중하며 살아간다. 따라서 상대가 나를 생각하는 이유는 나를 특별히 사랑해서가 아니라, 자신의 욕망과 필요에 부합하기 때문일 수 있다. 인간관계가 힘든 이유는 우리가 이 본질을 잊고, 상대가 나를 중심으로 생각해 줄 것이라 기대하기 때문이다. 그러나 누구도 타인의 삶을 온전히 자기처럼 느낄 수는 없다.

문제는 이 착각이 아주 자연스럽다는 점이다. 우리는 자신이 세상의 중심이라는 관점에서 사고한다. 내가 힘들면 세상도 나의 고통을 알아야 할 것 같고, 내가 베풀면 그만큼 보상받아야 한다고 생각한다. 그러나 상대는 나의 내면을 알지 못한다. 내가 전한 호의가 상대에게는 그저 스쳐 가는 친절일 수 있다. 결국 기대는 과장되고, 실망은 필연적으로 따라온다.

이 착각은 특히 가까운 관계에서 두드러진다. 가족이나 연인은 '나를 누구보다 이해해 줄 것'이라는 믿음을 강하게 갖는다. 하지만 정작 가장 가까운 사람들이 나를 몰라주었을 때 배신감은 더 크게 다가온다. 이는 인간관계의 역설이다. 가장 잘 알 것 같은 사람이 사실은 가장 모르는 사람일 수 있다는 사실. 기대가 높을수록 실망도 깊어진다.

또 다른 착각은 '내가 생각한 방식 그대로 상대도 생각할 것'이라는 믿음이다. 나는 선물을 받으면 큰 감동을 하지만, 상대는 그저 형식적인 절차로 받아들일 수 있다. 나는 작은 관심을 크게 여기지만, 상대는 대수롭지 않게 넘길 수 있다. 사고방식과 가치관이 다른데도 불구하고, 우리는 자꾸 '나 같을 것'이라고 착각한다. 그러나 인간은 서로 다른 배경과 경험을 가진 독립적 존재다. 같은 사건이라도 전혀 다르게 해석할 수밖에 없다.

이 착각을 버리지 못하면 관계는 점점 무거워진다. 내가 한 만큼 돌려받지 못한다는 불만, 상대가 나를 생각하지 않는다는 원망이 쌓인다. 결국 관계는 불필요한 기대와 실망으로 인해 파괴된다. 반대로 이 착각을 인정하면 마음이 한결 가벼워진다. 상대는 나와 다르고, 내 마음을 온전히 이해할 수 없다는 사실을 받아들이는 순간, 관계는 현실적인 선에서 유지된다.

그렇다고 해서 인간관계를 포기하라는 말은 아니다. 오히려 이 사실을 인정할 때 비로소 진정한 관계가 시작된다. '상대도 나를 똑같이 생각할 것이다'라는 환상을 버리면, 그제야 상대의 불완전함을 있는 그대로 받아들일 수 있다. 그때부터 관계는 거래가 아니라 동행이 된다. 상대가 나를 얼마나 생각하느냐보다, 내가 어디까지 줄 수 있는지를 기준으로 삼을 때 마음은 훨씬 자유로워진다.

쇼펜하우어가 강조한 것도 바로 이 지점이다. 인간은 본질적으로 자기중심적이므로, 상대가 나를 나처럼 생각하지 않는 것은 결코 이상한 일이 아니다. 오히려 그것이 정상이다. 이 진실을 받아들이는 사람은 관계에서 불필요하게 상처받지 않는다. 타인의 반응에 과도하게 흔들리지 않고, 자기 삶의 중심을 지킬 수 있다.

결국 인간관계의 가장 큰 착각은 '상대도 나처럼 생각할 것'이라는 환상이다. 그것을 내려놓는 순간, 관계는 더 현실적이고, 더 자유로워진다. 기대가 줄어들면 실망도 줄어든다. 그 자리에서 진짜 인간관계가 싹튼다. 상대를 있는 그대로 바라보고, 나 역시 있는 그대로 설 때, 우리는 비로소 얽매이지 않는 관계를 누릴 수 있다.

"상대가 나를 생각하는 이유는 나를 특별히 사랑해서가 아니라, 자신의 욕망과 필요에 부합하기 때문일 수 있다. 인간관계가 힘든 이유는 우리가 이 본질을 잊고, 상대가 나를 중심으로 생각해줄 것이라 기대하기 때문이다."

"상대가 나를 생각하는 이유는 나를 특별히 사랑해서가 아니라, 자신의 욕망과 필요에 부합하기 때문일 수 있다. 인간관계가 힘든 이유는 우리가 이 본질을 잊고, 상대가 나를 중심으로 생각해줄 것이라 기대하기 때문이다."

착한 사람이 더 쉽게 상처받는 이유

> "시간은 시간 밖에 있는 영원한 이념에 의해서 개별적인 본질을 갖고 있는 부분적이고 단편적인 견해일 뿐이다."
>
> — 아르투르 쇼펜하우어, 〈의지와 표상으로서의 세계〉

우리는 흔히 착한 사람을 좋은 사람으로 여긴다. 늘 배려하고, 남을 돕고, 자기 욕심을 드러내지 않는 사람은 어디서나 환영받는다. 그러나 역설적으로 착한 사람이 관계에서 더 쉽게 상처받는다. 쇼펜하우어는 '시간은 영원한 이념에 비해 단편적인 견해일 뿐'이라고 했다. 우리가 착함을 대할 때도 비슷하다. 인간관계 전체를 보지 못하고, '내가 베풀면 반드시 돌아올 것이다'라는 부분적인 시각에 갇히면 필연적으로 실망하게 된다. 착한 사람이 더 쉽게 상처받는 이유는 바로 이 단편적 기대에서 비롯된다.

착한 사람은 남에게 베푼 만큼 돌아올 것이라고 무의식적으로 기대한다. 작은 호의라도 상대가 반드시 기억해 주기를 바라고, 자신이 내어준 마음을 비슷한 무게로 돌려받을 수 있으리라 믿는다. 그러나 현실은 다르다. 인간은 본질적으로 자기중심적이다. 타인은 나의 선의를 그저 당연하게 여기거나, 때로는 기억조차 하지 못한다. 이때 착한 사람은 깊은 배신감을 느낀다. 사실은 잘못된 계산이 아니라, 본성을 오해한 기대에서 비롯된 상처다.

착한 사람은 경계 설정이 약하다. 부탁을 거절하지 못하고, 무리한 요구도 들어주려 한다. 상대가 선을 넘어도 "괜찮다"고 웃으며 넘어간다. 하지만 마음속에는 불편함이 쌓이고, 언젠가 그것이 폭발하거나 스스로를 괴롭히게 된다. 경계를 분명히 하지 못하면 상대는 더 많은 것을 요구하게 되고, 착한 사람은 더 쉽게 지쳐간다. 결국 호의는 당연시되고, 희생은 강요된다.

착한 사람은 자기 가치보다 타인의 평가를 우선한다. '좋은 사람'이라는 이미지를 잃는 것을 두려워해, 스스로 원치 않는 상황도 감내한다. 이 과정에서 자신은 점점 지쳐가지만, 타인의 기대를 저버릴 수 없어 억지로 웃는다. 쇼펜하우어가 말했듯, 타인의 눈으로 자기 삶을 바라보는 사람은 결코 행복할 수 없다. 착한 사람일수록 이 함정에 빠져 상처를 더 크게 입는다.

이 모든 이유는 결국 착함의 본질적 한계에서 비롯된다. 착한 사람은 타인의 이기심을 과소평가하고, 공감을 과대평가한다. 물론 인간은 연민과 공감의 능력을 지니고 있다. 그러나 동시에 자기 이익을 먼저 챙기는 본성도 함께 가지고 있다. 이 이중성을 인정하지 못하면, 착한 사람은 언제나 실망할 수밖에 없다.

그렇다고 착함이 잘못된 것은 아니다. 오히려 사회는 착한 사람이 있기에 유지된다. 문제는 '착한 것'과 '호구가 되는 것'을 구별하지 못할 때다. 진짜 착함은 자기 존엄을 지키면서 타인을 배려하는 것이지, 스스로를 버리면서 남을 위해 사는 것이 아니다. 착한 사람이 상처받지 않으려면 먼저 자기 경계를 세우고, 타인의 본성을 현실적으로 바라봐야 한다.

쇼펜하우어는 인간의 이기심을 냉정하게 드러냈지만, 동시에 연민을 도덕의 근원으로 보았다. 착한 사람은 이 두 가지를 균형 있게 이해해야 한다. 타인의 연민을 기대하기보다는, 자신의 연민을 다스리고, 필요한 순간에는 거절할 수 있어야 한다. 착함이 나를 해치지 않을 때 비로소 그 착함은 오래갈 수 있다.

결국 착한 사람이 더 쉽게 상처받는 이유는 인간의 본성을 낭만적으로 오해하기 때문이다. 모든 사람이 나를 배려할 것이라는 환상을 내려놓는 순간, 착한 사람은 더 이상 약자가 되지 않는다. 착함은 여전히 필요하지만, 그 위에 지혜와 경계가 더해져야 한다. 그래야 착한 사람은 상처받지 않고, 오히려 관계 속에서 빛을 낼 수 있다.

진짜 착함은 자기 존엄을 지키면서 타인을 배려하는 것이지, 스스로를 버리면서 남을 위해 사는 것이 아니다."

진짜 착함은 자기 존엄을 지키면서 타인을 배려하는 것이지, 스스로를 버리면서 남을 위해 사는 것이 아니다."

불필요한 관계를 정리해야 하는 이유

"모든 근거율에 뒤따르는 인식은 의지와 가깝거나 먼 관계를
갖고 있다."

– 아르투르 쇼펜하우어, 〈의지와 표상으로서의 세계〉

앞서 우리는 인간관계가 본질적으로 불완전하며, 이기심과 공
감이 뒤섞여 있다는 사실을 확인했다. 또한 타인의 인정에 집착
하거나, 상대도 나를 똑같이 생각해 줄 것이라는 착각 때문에 관
계가 얼마나 쉽게 상처로 변하는지도 살펴보았다. 그렇다면 이
깨달음은 우리에게 어떤 실천으로 이어져야 할까. 바로 불필요한
관계를 정리할 용기다. 쇼펜하우어는 '모든 근거율에 따른 인식은
결국 의지와 연결된다'고 말했다. 인간관계에 대한 우리의 깨달음
도 단순한 지적 이해에 그치지 않고, 결국 '어떻게 살아갈 것인가'
라는 의지의 문제로 이어진다. 그렇다면 우리가 해야 할 선택은

무엇일까. 바로 불필요한 관계를 정리할 용기다.

관계가 힘든 가장 큰 이유는, 사실 '나쁜 사람'이 주변에 많아서가 아니다. 오히려 나를 지치게 하는 관계를 정리하지 못한 채 붙들고 있기 때문이다. '언젠가는 달라지겠지', '이 정도는 참아야지'라는 생각으로 억지로 이어가는 관계가 결국 마음을 가장 크게 소모하게 한다. 쇼펜하우어가 인간을 '끝없는 욕망의 존재'로 본 것처럼, 어떤 사람들은 나의 배려와 착함을 끝없이 요구한다. 거절하지 못하는 순간, 그 관계는 더 이상 대등하지 않고 일방적 소모가 된다.

불필요한 관계는 단순히 '싫은 사람과의 관계'만을 의미하지 않는다. 나를 존중하지 않는 관계, 나를 수단으로만 보는 관계, 그리고 이미 역할을 다했음에도 관성처럼 이어지고 있는 관계 모두 포함된다. 이런 관계는 나를 성장시키지 않을 뿐 아니라, 내 자원을 빼앗아 간다. 인간관계의 자원은 무한하지 않다. 앞서 살펴본 것처럼, 착한 사람일수록 경계를 세우지 못해 더 쉽게 상처받는다. 그러므로 정리라는 선택은 착함을 버리는 것이 아니라, 착함을 지키는 길이다.

우리가 불필요한 관계를 정리해야 하는 두 번째 이유는 자기 자신과의 관계를 회복하기 위해서다. 타인의 인정에 집착할수록, 불필요한 관계는 더 끊기 어렵다. "이 사람에게까지 외면당하면 나는 부족한 존재가 될 거야"라는 불안이 관계를 억지로 이어가게 만든다. 그러나 그 집착이야말로 가장 큰 착각이다. 인간은 누구와도 완전히 하나가 될 수 없고, 상대 역시 나를 중심으로 생각하지 않는다는 사실을 이미 확인했다. 그렇다면 억지로 관계를 이어갈 필요도 없다.

불필요한 관계를 정리한다는 것은 결국 나를 지키는 일이다. 관계는 많을수록 좋은 것이 아니다. 오히려 소수의 진정한 관계만이 나를 단단하게 만든다. 무겁고 불필요한 연결을 내려놓아야, 내게 소중한 사람과 더 깊이 만날 수 있다. 쇼펜하우어가 고독의 가치를 강조한 것도 같은 맥락이다. 고독을 견딜 수 있어야만, 억지 관계를 붙잡지 않고 스스로의 중심을 지킬 수 있다.

많은 사람들이 불필요한 관계를 끊지 못하는 이유는 죄책감 때문이다. 그러나 관계의 끝은 배신이 아니다. 모든 관계에는 수명이 있다. 어떤 인연은 특정 시기에 의미 있었지만, 시간이 지나면 더 이상 같은 가치를 가지지 못한다. 그럼에도 '오래 알았으니 계속 이어가야 한다'는 관성 때문에 붙잡고 있다. 하지만 그 관성은 나를 지치게 하고, 결국 건강한 관계마저 흐트러뜨린다.

불필요한 관계를 정리해야 하는 이유는 분명하다. 그것은 나의 시간과 에너지를 회복하고, 내 자존감을 지키며, 진짜 중요한 관계를 살리기 위해서다. 나를 소모하는 관계를 붙잡고 있는 한, 나는 끝없이 상처받을 수밖에 없다. 그러나 용기를 내어 정리하는 순간, 마음은 가벼워지고 남은 관계는 더욱 단단해진다.

"관계는 많을수록 좋은 것이 아니다. 오히려 소
수의 진정한 관계만이 나를 단단하게 만든다. 무
겁고 불필요한 연결을 내려놓아야, 내게 소중한
사람과 더 깊이 만날 수 있다."

"관계는 많을수록 좋은 것이 아니다. 오히려 소
수의 진정한 관계만이 나를 단단하게 만든다. 무
겁고 불필요한 연결을 내려놓아야, 내게 소중한
사람과 더 깊이 만날 수 있다."

결국 나를 지키는 것이 먼저다.

"공간, 시간, 그리고 인과성을 통해서 대상은 개체에게 관심, 즉 의지에 대한 관계를 갖는다."

– 아르투르 쇼펜하우어, 〈의지와 표상으로서의 세계〉

우리는 어려서부터 남을 배려하라고 배운다. 좋은 친구, 좋은 자녀, 좋은 동료가 되기 위해서는 타인을 먼저 생각해야 한다는 메시지를 끊임없이 듣는다. 우리가 경험하는 모든 대상과 관계는 결국 의지와 연결된다. 인간관계 또한 마찬가지다. 관계 속에서 우리가 어떤 선택을 하든, 그 밑바탕에는 나를 지키려는 의지 혹은 나를 잃어버리는 의지가 깔려 있다. 그렇다면 질문은 분명해 진다. 나는 타인을 먼저 지키려 할 것인가, 아니면 나를 먼저 지 킬 것인가. 문제는 이 과정에서 종종 '나를 지키는 일'을 잊어버린 다는 데 있다. 자신을 돌보지 못한 채 타인에게만 헌신하는 삶은 결국 무너질 수밖에 없다. 인간관계에서 가장 중요한 원칙은, 아이러니하게도 '타인'이 아니라 '나 자신'이다.

쇼펜하우어의 철학은 이 점을 분명히 보여준다. 그는 인간을 본질적으로 이기적이고 자기중심적인 존재로 보았다. 누구나 자기 욕망을 우선한다. 그렇다면 내가 나를 지키지 않으면, 누구도 대신 지켜주지 않는다. 착한 사람일수록 상처받는 이유도 여기에 있다. 자신을 뒤로 미루고, 상대의 욕망을 채워주느라 정작 자기 삶을 소모하기 때문이다.

나를 지킨다는 것은 이기적으로 살겠다는 뜻이 아니다. 오히려 나를 지키는 것이야말로 진짜 배려의 출발점이다. 내가 무너지면, 타인에게 줄 수 있는 것도 사라진다. 비행기 안전 안내에서 "산소 마스크를 먼저 자신에게 착용한 뒤, 옆 사람을 도와주라"고 말하는 이유와 같다. 나를 먼저 살려야, 남도 도울 수 있다.

나를 지키는 가장 중요한 방법은 경계를 세우는 것이다. 앞서 살펴본 것처럼, 불필요한 관계를 정리하지 못하면 끝없는 소모가 일어난다. 착한 사람은 경계를 허물어 스스로를 내어주다가 결국 지친다. 그러나 경계를 세운다는 것은 무례해지는 것이 아니라, 내 삶의 울타리를 지키는 일이다. '여기까지는 괜찮지만, 그 이상은 안 된다'는 기준을 세울 때 비로소 관계는 건강해진다.

또 하나는 기대에서 벗어나는 것이다. 상대가 나를 나처럼 생각해 줄 것이라는 환상은 결국 실망으로 이어진다. 타인은 나를 중심으로 살지 않는다. 인간 본성상, 각자는 자기 삶을 우선한다.

그렇다면 내가 할 일은 상대의 부족함에 분노하는 것이 아니라, 그 현실을 인정하고 나의 기준을 세우는 것이다. 실망을 줄이는 가장 확실한 방법은, 기대를 덜어내는 것이다.

무엇보다 중요한 것은 자기 존중이다. 나를 존중하지 않으면, 누구도 나를 존중하지 않는다. 타인의 인정과 평가에 매달릴수록 나는 점점 작아진다. 그러나 스스로를 존중할 때, 남의 인정에 덜 흔들린다. 내가 나를 지켜낼 때만, 관계 속에서도 무너지지 않는다.

결국 인간관계에서 가장 중요한 원칙은 단순하다.

"나를 지키는 것이 먼저다."

이것은 이기적인 선언이 아니라, 오히려 가장 현명한 선택이다. 내가 무너지지 않아야 사랑도, 우정도, 배려도 진짜 힘을 발휘할 수 있다. 나를 지키는 힘은 관계를 끊어내는 용기이자, 동시에 관계를 지속시키는 원천이다.

쇼펜하우어의 비관적 통찰은 우리에게 이 진실을 직시하게 만든다. 인간은 본래 이기적이며, 관계는 불완전하다. 그렇기에 타인에게 나를 온전히 맡기는 순간, 상처는 피할 수 없다. 그러나 나를 지키는 순간, 비로소 관계의 주도권을 되찾을 수 있다. 나를 지키는 것은 타인을 밀어내는 일이 아니라, 나와 타인 모두를 건강하게 만드는 출발점이다.

"인간관계에서 가장 중요한 원칙은, 아이러니하게도 '타인'이 아니라 '나 자신'이다."

"인간관계에서 가장 중요한 원칙은, 아이러니하게도 '타인'이 아니라 '나 자신'이다."

3장 관계에서 자유로워지는 법: 쇼펜하우어의 거리 두기 전략

관계를 끊어야 할 사람을 구별하는 기준

"세계는 한편으로는 철두철미하게 표상이지만 다른 측면에서는 철두철미하게 의지이기 때문이다."

— 아르투르 쇼펜하우어, 〈의지와 표상으로서의 세계〉

관계에서 상처받는 가장 큰 이유는, 누구와 거리를 두어야 하는지를 알면서도 그 기준을 세우지 못하기 때문이다. 쇼펜하우어가 말했듯 세계는 표상일 뿐만 아니라 동시에 의지의 산물이다. 인간관계 역시 단순히 표면적인 친밀감이나 사회적 형식으로만 존재하는 것이 아니다. 그 이면에는 언제나 각자의 욕망과 의지가 충돌한다. 그래서 우리는 모든 관계를 유지할 수 없으며, 나를 지키기 위해 반드시 선별의 기준을 세워야 한다. 우리는 '모든 관계를 유지해야 한다'는 압박 속에서 불필요한 인연까지 붙잡고 산다. 그러나 앞서 보았듯 인간은 본질적으로 이기적이며, 자기 욕망을 우선한다. 그렇다면 나를 해치는 관계를 분별해 내는 것이 곧 나를 지키는 첫걸음이다. 그렇다면 어떤 사람과는 반드시 거리를 두어야 할까.

첫째, 나를 수단으로만 대하는 사람이다.

관계의 본질은 상호성에 있다. 물론 완벽히 대등할 수는 없지만, 최소한 서로에게 존중과 배려가 오가야 한다. 그러나 어떤 사람은 나를 그저 '도구'로만 여긴다. 필요할 때만 연락하고, 도움을 받을 때만 찾아오며, 나의 상황이나 감정에는 관심이 없다. 이런 관계는 오래될수록 나를 소모하고, 결국 공허함만 남긴다. 내가 상대의 도구가 아닌 사람으로 대우받지 못한다면, 과감히 거리를 두어야 한다.

둘째, 나의 자존감을 무너뜨리는 사람이다.

비난과 비교, 깎아내림을 습관처럼 하는 사람이 있다. 대화의 끝마다 기분이 나빠지고, 함께 있으면 자신이 보잘것없게 느껴진다면, 그것은 건강한 관계가 아니다. 쇼펜하우어는 인간이 끝없는 욕망 때문에 서로를 상처 입힐 수밖에 없다고 보았다. 그러나 그 상처가 반복되고 의도적으로 이어진다면, 더 이상 감내할 이유가 없다. 자존감을 지켜내는 것은 곧 자신을 지키는 일이다.

셋째, 한쪽의 희생에만 기대는 관계다.

착한 사람이 더 쉽게 상처받는 이유는 거절하지 못하고 계속 내어주기 때문이다. 상대가 늘 도움만 받고, 나는 늘 내어주는 쪽이라면, 이 관계는 불균형하다. 호의가 당연시되고 희생이 강요되는 관계는 결국 '관계'라는 이름을 빌린 착취에 불과하다. 이런 경우, 희생을 멈추고 거리를 두는 것이 필요하다.

넷째, 내 삶을 왜곡시키는 사람이다.

인간관계는 내 삶의 방향에도 큰 영향을 준다. 내가 어떤 사람과 함께하느냐에 따라 생각과 행동이 달라진다. 끊임없이 부정적인 말만 하는 사람, 타인을 탓하는 데 익숙한 사람, 혹은 나를 잘못된 길로 이끄는 사람은 결국 내 삶을 어둡게 만든다. 이런 관계는 나를 성장시키기는커녕 나를 퇴보시킨다.

다섯째, 신뢰가 깨진 관계다.

신뢰는 관계의 기초다. 거짓말이 반복되거나, 비밀이 존중되지 않거나, 배신이 습관이 된다면 그 관계는 이미 무너졌다. 신뢰가 없는 관계를 억지로 붙잡는 것은 집이 무너진 터 위에 계속 벽을 쌓는 것과 같다. 언젠가는 무너지고 만다. 신뢰가 무너졌다면, 관계를 정리하는 것이 현명하다.

이 다섯 가지 기준은 결국 한 가지로 귀결된다. 나를 해치는 관계는 끊어야 한다는 것이다. 인간 본성이 이기적이기에 모든 관계가 나를 이롭게 할 수는 없다. 그렇기에 필요한 것은 모두 끌어안는 것이 아니라, 나를 지키기 위한 선택적 정리다.

관계를 끊는 것은 결코 배신이 아니다. 오히려 자기 존중의 표현이다. 불필요한 관계를 내려놓을 때, 나의 시간과 에너지는 회복되고, 진정으로 소중한 관계에 집중할 수 있다. 쇼펜하우어가 강조한 고독의 가치는 바로 여기서 빛난다. 고독을 감당할 힘이 있을 때, 우리는 불필요한 관계를 버리고 나에게 진짜 필요한 사람을 붙잡을 수 있다.

결국 관계를 끊어야 할 사람을 구별하는 기준은 거창하지 않다. 내 자존감을 지켜주는가, 나를 도구가 아니라 사람으로 대우하는가, 내 삶을 건강하게 만드는가. 이 세 질문에 솔직히 답해보면 된다. 답이 '아니오'라면, 그 관계는 붙잡을 이유가 없다. 관계의 수는 줄어들겠지만, 남는 관계는 훨씬 단단해진다. 그리고 그 순간 비로소 우리는 타인의 시선에 흔들리지 않고, 자기 삶의 중심을 지켜낼 수 있다.

"나를 해치는 관계를 분별해내는 것이 곧 나를
지키는 첫걸음이다."

"나를 해치는 관계를 분별해내는 것이 곧 나를
지키는 첫걸음이다."

인간관계는 '양보다 질'이다

"모든 신체는 의지가 객관화된 것, 즉 표상이 된 의지 이외의 다른 것이 아니다."

— 아르투르 쇼펜하우어, 〈의지와 표상으로서의 세계〉

앞 장에서 우리는 관계를 끊어야 할 사람의 기준을 살펴보았다. 나를 수단으로만 대하거나, 자존감을 무너뜨리거나, 신뢰를 깨뜨리는 관계는 과감히 정리해야 한다는 점이었다. 그렇다면 그 뒤에 남는 것은 무엇인가. 바로 질 높은 관계다. 쇼펜하우어는 모든 신체를 '의지가 객관화된 것'이라 보았다. 이는 겉으로 드러난 양적인 모습보다 그 안에 담긴 의지가 무엇인가가 더 중요하다는 뜻이다. 인간관계 역시 마찬가지다. 많은 사람과 연결되어 있다는 외형보다, 그 관계 속에서 드러나는 의지와 진정성이 훨씬 본질적이다. 인생에서 중요한 것은 '얼마나 많은 사람을 알고 있는

가?'가 아니라, '그중 누구와 깊이 연결되어 있는가?'이다.

현대 사회는 관계의 숫자에 집착하게 만든다. SNS의 팔로워, 명함첩에 담긴 연락처, 휴대폰 주소록의 이름들이 마치 내 영향력과 사회적 가치를 증명하는 듯 보인다. 그러나 수백 명과 연결되어 있어도 진짜 힘이 되지 않는다면 그것은 허상에 불과하다. 실제로 외로움을 가장 크게 호소하는 사람 중에는 오히려 겉으로 '인맥이 많아 보이는 사람들'이 적지 않다. 겉으로는 북적이는 것 같지만, 속을 채워주는 관계는 거의 없기 때문이다.

반대로 삶을 지탱하는 관계는 극히 소수다. 위기의 순간에 달려와 주는 사람, 내가 실패했을 때도 등을 돌리지 않는 사람, 기쁨을 함께 나누며 진심으로 축하해주는 사람. 이런 관계는 손가락으로 꼽을 만큼 적지만, 이 몇 명이 내 삶의 무게를 함께 지탱한다. 수십 명의 지인보다 단 한 명의 진정한 친구가 더 값진 이유가 여기에 있다.

질 높은 관계의 특징은 세 가지로 정리할 수 있다.

첫째, 존중이 기본이 된다. 상대는 나를 도구로 보지 않고, 독립된 인격으로 대한다. 내 선택을 함부로 비난하지 않고, 나의 감정을 존중한다.

둘째, 상호성이 있다. 관계가 일방적으로 흘러가지 않는다. 내가 주는 만큼 돌려받을 수 있고, 서로의 어려움에 기꺼이 손을 내민다.

셋째, 성장을 돕는다. 좋은 관계는 나를 제자리걸음 하게 두지 않는다. 서로의 가능성을 인정하고, 더 나은 방향으로 나아가도록 격려한다.

이런 관계는 결코 많을 수 없다. 사람마다 가치관과 환경이 다르기에, 깊은 신뢰를 쌓을 수 있는 사람은 극소수에 불과하다. 그래서 관계는 '양보다 질'이라는 말이 단순한 격언이 아니라 삶의 현실적 지혜가 된다.

쇼펜하우어 역시 인간관계의 양적인 확장에는 회의적이었다. 그는 인간이 본질적으로 자기중심적이기에, 많은 관계 속에서는 필연적으로 갈등과 실망이 커질 수밖에 없다고 보았다. 그는 차라리 소수의 관계를 유지하고, 나머지는 고독 속에서 자기를 지켜내는 것이 더 현명하다고 말했다. 고독을 감당할 수 있어야, 얕은 관계에 매달리지 않고 소수의 진정한 관계를 선택할 수 있다.

관계의 질이 양보다 중요한 또 다른 이유는 시간과 에너지의 유한성 때문이다. 하루 24시간 중 진심으로 대화하고 마음을 나눌 수 있는 사람은 몇 명 되지 않는다. 모든 사람을 챙기려 하면, 결국 누구에게도 충분한 관심을 주지 못한다. 겉으로는 많은 사람을 만나는 듯해도, 정작 깊이 있는 관계는 사라진다. 반대로 소수의 관계에 집중하면, 그 안에서 진정한 연결과 만족을 경험할 수 있다.

또한 관계의 질은 내 자존감을 지켜주는 울타리가 된다. 질 낮은 관계에서는 늘 비교와 비난이 따라오지만, 질 높은 관계에서는 나 자신을 있는 그대로 인정받는다. 실패했을 때도 함께 버텨

주는 사람이 있다면, 세상의 차가운 시선에도 무너지지 않을 수 있다. 결국 관계의 질은 내가 삶을 어떻게 버텨낼 수 있는지를 결정짓는 중요한 힘이다.

우리는 종종 '외롭지 않으려면 사람을 많이 만나야 한다'고 생각한다. 그러나 실제로는 그 반대다. 얕은 관계가 늘어날수록 더 외로워진다. 진정성 없는 관계는 마음의 공허함을 더 크게 만들 뿐이다. 외로움을 덜어주는 것은 수십 명의 인맥이 아니라, 단 한 명의 진짜 대화 상대다.

결국 인간관계는 양보다 질이다. 불필요한 관계를 정리하는 이유도, 바로 이 질 높은 관계에 집중하기 위해서다. 나를 지켜주고, 함께 성장하며, 존중과 신뢰를 바탕으로 이어지는 소수의 관계가 삶을 단단하게 만든다. 인맥의 숫자에 집착하는 순간, 진짜 관계는 사라진다. 그러나 관계의 질을 선택하는 순간, 비록 소수라도 그것이 평생을 버티는 힘이 된다.

"인생에서 중요한 것은 '얼마나 많은 사람을 알고 있는가'가 아니라, '그중 누구와 깊이 연결되어 있는가'이다."

"인생에서 중요한 것은 '얼마나 많은 사람을 알고 있는가'가 아니라, '그중 누구와 깊이 연결되어 있는가'이다."

거절이 두려운 사람을 위한 쇼펜하우어의 조언

"나의 신체와 나의 의지는 하나이다."

– 아르투르 쇼펜하우어, 〈의지와 표상으로서의 세계〉

우리가 불필요한 관계를 알면서도 정리하지 못하는 이유는 단순하다. 거절이 두렵기 때문이다. 내가 곧 나의 욕망이자 내 삶의 주체다. 그렇다면 타인의 요구를 무조건 수용하는 것은 내 몸과 내 의지를 타인에게 내어주는 일이다. 결국 거절하지 못한다는 것은 곧 자기 자신을 지키지 못한다는 뜻이 된다. 누군가의 부탁을 거절하면 미움받을 것 같고, 상대의 기대를 충족시키지 못하면 나쁜 사람으로 보일까 불안하다. 그래서 싫은 자리에도 억지로 나가고, 마음에 없는 말을 덧붙이며 관계를 유지한다. 그러나 이 두려움은 결국 나를 갉아먹는다.

쇼펜하우어는 인간을 본질적으로 자기 욕망을 우선하는 존재로 보았다. 그렇다면 타인의 요구도 그들의 욕망의 표현일 뿐이다. 내가 들어주지 않는다고 해서 그것이 세상이 무너질 일은 아니다. 오히려 욕망의 본성을 이해한다면, 상대는 끝없이 요구할 수 있고 내가 모두 받아들이는 것은 불가능하다는 사실을 깨닫게 된다. 이때 거절은 상대를 해치는 행위가 아니라, 나를 보호하는 최소한의 방식이 된다.

거절을 두려워하는 마음 깊숙한 곳에는 관계가 끊어질까 하는 불안이 자리한다. 그래서 사람들은 억지로 웃으며 불필요한 관계를 이어간다. 하지만 쇼펜하우어는 고독을 견디는 힘이야말로 자유로운 삶의 조건이라고 했다. 고독을 감내하지 못하는 사람은 얕은 관계에 매달리고, 결국 거절하지 못해 지쳐버린다. 반대로 고독을 받아들일 수 있는 사람은 관계를 더 선별적으로 맺으며, 진짜 필요한 인연에 집중할 수 있다.

나를 지키는 일은 결코 이기적인 선택이 아니다. 오히려 자기보호가 선행되어야 타인과 건강한 관계를 유지할 수 있다. 내가 무너진 상태에서는 남에게 베풀 여력도 없다. 비행기 안전 지침처럼 산소마스크를 먼저 자기에게 씌운 뒤 옆 사람을 도와야 하는 것과 같다. 거절은 자기만을 위하는 행동이 아니라, 결국 관계 전체를 지켜내는 과정이다.

거절은 관계를 파괴하는 것이 아니라, 오히려 관계를 명확하게 만든다. 모든 요구를 받아들이는 사람은 존중받지 못한다. 그러나 자신의 한계를 분명히 보여주는 사람은 신뢰를 얻는다. 내가

어디까지 허용할 수 있는지, 어디서부터는 불편한지를 솔직하게
드러낼 때 관계는 더 단단해진다.

쇼펜하우어가 강조했던 것은 인간관계에 대한 낭만적 환상을
버리라는 것이었다. 인간은 서로를 완전히 이해할 수 없고, 각자
의 욕망 때문에 충돌할 수밖에 없다. 그렇다면 관계를 유지하는
유일한 방법은 적당한 거리를 유지하며 스스로를 지키는 것이다.
거절은 그 거리를 지켜내는 구체적 행위다.

거절이 두려운 사람은 결국 타인의 시선에 얽매여 살아간다.
그러나 모든 사람에게 좋은 평판을 얻는 것은 불가능하다. 오히
려 불필요한 관계를 정리하고, 자신이 감당할 수 있는 범위에서
관계를 이어갈 때 삶은 훨씬 가벼워진다. 거절의 용기를 낼 수 있
을 때, 비로소 우리는 불필요한 소모에서 벗어나 소수의 진정한
관계에 집중할 수 있다.

거절이 두려운 사람은 결국 타인의 시선에 얽매여 살아간다.
그러나 모든 사람에게 좋은 평판을 얻는 것은 불가능하다. 오히
려 불필요한 관계를 정리하고, 자신이 감당할 수 있는 범위에서
관계를 이어갈 때 삶은 훨씬 가벼워진다. 거절의 용기를 낼 수 있
을 때, 비로소 우리는 불필요한 소모에서 벗어나 소수의 진정한
관계에 집중할 수 있다.

프리다 칼로와 디에고 리베라 부부의 관계는 이를 잘 보여준
다. 격정적인 사랑과 갈등을 동시에 안고 살았던 이 예술가 부부
는 서로에게 깊이 의존하면서도, 동시에 각자의 세계를 지키려

했다. 특히 프리다는 본인의 예술적 정체성과 감정을 잃지 않기 위해 디에고와의 결혼 생활 속에서도 일정한 거리를 두고 독립성을 우선시했다. 그녀는 사랑을 이유로 자신을 온전히 내어주지 않았고, '자신만의 공간'을 끝내 포기하지 않았다. 오히려 그 고독과 독립성이 그녀의 예술 세계를 확장시켰고, 고통조차 창작의 에너지로 승화할 수 있게 했다. 이처럼 거절과 거리 두기는 관계를 끊는 것이 아니라, 오히려 관계 속에서 자신을 지켜내며 더 오래 지속할 수 있는 힘이 된다.

"거절은 관계를 파괴하는 것이 아니라, 오히려
관계를 명확하게 만든다."

"거절은 관계를 파괴하는 것이 아니라, 오히려
관계를 명확하게 만든다."

모든 사람과 친해질 필요는 없다

"나의 신체는 나의 의지의 객관성이라고도 말할 수 있을 것이다."
– 아르투르 쇼펜하우어, 〈의지와 표상으로서의 세계〉

우리는 어려서부터 사람들과 잘 지내야 한다는 말을 듣고 자란다. 학교에서는 '친구들과 두루 어울려야 한다'고 배웠고, 사회에 나와서는 '인맥이 곧 자산'이라는 말을 듣는다. 그래서 우리는 마치 모든 사람과 친해져야만 좋은 인간관계를 맺고 있는 것처럼 착각한다. 그러나 진실은 그 반대다. 모든 사람과 친해지려는 노력은 불가능할 뿐 아니라, 오히려 나를 지치게 할 뿐이다.

대한민국 최초의 정리 컨설턴트이자 정리력 전문가 윤선현 작가는 《관계 정리가 힘이다》에서 이렇게 말한다.

"'좋은 관계'에 대한 생각은 사람마다 다를 수밖에 없다. 당연히 달라야만 하고 그게 좋은 일이다. 하지만 대부분은 '좋은 관계를 맺는다는 것'이 무엇인지 정의를 내려본 적이 없다. 그렇기 때문에 좋은 관계를 발견하지 못하곤 한다. 찾는 것이 무엇인지 모르면 눈앞에 있어도 모르고 넘어가기 쉽다. 보통은 좋은 관계에 대해 막연히 이상적으로 생각하곤 한다. 10년이 넘도록 똑같이 열정적인 관계, 단 한 번도 싸우지 않는 관계, 서로 많은 부분들이 딱딱 맞아떨어지는 관계를 꿈꾼다. 그야말로 불가능한 일이다."

결국 중요한 것은 '모든 관계'를 유지하는 것이 아니라, 나에게 의미 있고 건강한 관계가 무엇인지 스스로 정의하고 선택하는 일이다.

쇼펜하우어는 인간의 본성을 냉정하게 바라보았다. 그는 인간이 자기 욕망에 따라 움직이는 존재이며, 각자 서로 다른 이해관계와 목적을 지니고 있다고 보았다. 인간은 외부의 기대나 사회적 요구로 움직이는 존재가 아니라, 각자 내면의 욕망과 의지가 몸을 통해 드러나는 존재다. 그렇기 때문에 모든 사람과 친해지려는 시도는 애초에 불가능하다. 각자의 의지가 다르게 작동하는 한, 모든 관계가 나와 조화를 이룰 수는 없기 때문이다. 그렇다면 모든 사람과 깊이 있는 관계를 맺는다는 것은 애초에 불가능한 일이다. 누군가는 나와 가치관이 다르고, 누군가는 나를 수단으로만 본다. 또 누군가는 나와 일시적으로 연결될 뿐 오래 유지될 수 없는 사람이다. 그런데도 억지로 모든 관계를 붙잡으려 한다면, 결국 얕은 관계만 늘어날 뿐이다.

모든 사람과 친해질 필요가 없는 이유는 분명하다. 인간의 시간과 에너지는 한정되어 있기 때문이다. 하루 24시간, 일주일 168시간은 누구에게나 동일하다. 그 시간 안에서 수십 명과 진심 어린 관계를 맺는 것은 불가능하다. 따라서 모든 사람과 친해지려는 시도는 결국 겉모습만 유지하는 얕은 인연으로 귀결된다. 넓고 얕은 관계는 때로 필요할 수 있지만, 그것이 내 삶의 중심이 되어서는 안 된다.

또한 모든 사람에게 잘 보이려는 태도는 결국 자기 소모로 이어진다. 거절하지 못하고, 비위를 맞추고, 불편한 상황에서도 억지로 웃는다. 그러나 이렇게 유지된 관계는 진짜 친밀감이 아니다. 쇼펜하우어가 지적했듯, 인간은 본질적으로 자기중심적이기 때문에, 내가 애쓴다고 해서 상대가 반드시 같은 마음을 갖는 것도 아니다. 나를 좋아하지 않는 사람이 있다는 사실은 이상한 일이 아니라 당연한 일이다.

오히려 모든 사람과 친해지려는 시도는 진짜 관계를 방해한다. 얕은 관계를 수십 개 유지하느라 정작 중요한 사람에게 쏟을 시간과 에너지가 줄어든다. 불필요한 관계에 억지로 매달리면서, 나를 존중해주는 소수의 사람을 놓치게 되는 것이다. 결국 삶을 단단하게 만드는 것은 모든 사람의 호감이 아니라, 단 몇 명의 신뢰할 수 있는 사람이다.

그렇다고 해서 인간관계를 무시하라는 말은 아니다. 다만 우리는 관계의 선택과 집중이 필요하다. 누군가와 친해지지 않는다고 해서 그 사람이 나의 적이 되는 것은 아니다. 거리를 두더라도 서로 존중할 수 있다면 충분하다. 중요한 것은 모든 사람에게 사랑받는 것이 아니라, 나를 진심으로 아껴주는 소수와 깊이 연결되는 것이다.

쇼펜하우어는 고독을 삶의 본질로 보았다. 그는 인간이 본래 혼자일 수밖에 없으며, 타인과의 관계는 언제나 제한적일 수밖에 없다고 했다. 그렇다면 모든 사람과 친해져야 한다는 강박은 고독을 견디지 못하는 불안에서 비롯된다. 그러나 고독을 받아들일 수 있다면, 억지로 모든 관계를 이어갈 필요도 없어진다. 오히려 그 순간부터는 선택적으로 관계를 맺고, 필요한 만큼만 가까워질 수 있다.

결국 모든 사람과 친해질 필요는 없다. 오히려 모든 사람과 친해지려는 집착을 버릴 때, 관계는 더 자유로워지고 가벼워진다. 나를 지치게 하는 억지 친밀감 대신, 나를 지켜주고 함께 성장할 수 있는 소수의 관계에 집중해야 한다. 진짜 힘은 다수의 피상적 인연이 아니라, 단 몇 명의 진정한 인연에서 나온다.

"결국 모든 사람과 친해질 필요는 없다. 오히려 모든 사람과 친해지려는 집착을 버릴 때, 관계는 더 자유로워지고 가벼워진다."

"결국 모든 사람과 친해질 필요는 없다. 오히려 모든 사람과 친해지려는 집착을 버릴 때, 관계는 더 자유로워지고 가벼워진다."

외로움을 두려워하지 않는 법

"의지를 자유롭다고 부르는 것 그리고 의지가 의욕 해야만 하는 법칙을 의지에게 규정하는 것은 명백한 모순이다."
— 아르투르 쇼펜하우어, 〈의지와 표상으로서의 세계〉

우리는 흔히 외로움을 부정적으로만 생각한다. 혼자 밥을 먹는 것, 혼자 길을 걷는 것, 혼자 시간을 보내는 것은 어쩐지 실패한 삶처럼 느껴진다. 그래서 사람들은 외로움을 피하려고 관계를 억지로 유지하고, 필요하지 않은 만남에 시간을 쓰며, 소속감을 확인하려 애쓴다. 그러나 쇼펜하우어는 전혀 다른 길을 제시한다. 그는 고독을 삶의 본질로 보았고, 오히려 그것을 받아들이는 사람이 더 자유롭다고 했다. 그렇다면 우리는 어떻게 외로움을 두려워하지 않을 수 있을까?

외로움이 두려운 가장 큰 이유는 인간이 사회적 동물이기 때문이다. 우리는 본능적으로 무리에 속하고 싶어 하고, 타인과의 연결 속에서 자기 존재를 확인한다. 실제로 과학적 연구는 이 사실을 뒷받침한다. Tomova와 동료들(2020)은 《Nature Neuroscience》에 발표한 연구에서, 사람들이 일정 시간 사회적 격리를 경험한 뒤 사회적 활동사진이나 타인과의 상호작용 장면을 보았을 때, 뇌의 보상 회로(특히 중뇌 도파민 경로)가 음식에 굶주렸을 때 음식 이미지를 보며 반응하는 것과 유사하게 활성화된다는 사실을 발견했다. 이 결과는 사회적 연결에 대한 갈망이 단순한 심리적 욕구가 아니라, 생존과 직결되는 '신경학적 갈망'임을 보여준다. 다시 말해 외로움은 단순한 감정적 공허가 아니라, 뇌가 우리에게 "다시 연결되라"고 보내는 생물학적 경고음인 셈이다. 그래서 관계가 줄어들면 불안해지고, 혼자 남겨졌다는 생각이 커지면 고립감을 느낀다. 그러나 관계가 줄었다고 해서 내가 덜 가치 있는 사람이 되는 것은 아니다. 오히려 불필요한 관계를 정리하고 혼자의 시간을 가질 수 있는 사람이 자기 확신이 강한 사람이다.

쇼펜하우어가 말한 고독의 가치는 바로 여기에 있다. 그는 인간이 근본적으로 혼자일 수밖에 없는 존재라고 보았다. 아무리 친밀한 관계라도 타인의 의식 속에 완전히 들어갈 수는 없다. 우리는 끝내 자기 자신으로 남을 수밖에 없다. 쇼펜하우어는 '의지를 자유롭다고 부르는 것 자체가 모순'이라고 말했다. 이는 곧 우리의 본질적인 조건을 임의로 바꿀 수 없다는 뜻이다. 마찬가지로 고독 역시 우리의 삶에서 떼어낼 수 없는 조건이다. 고독을 없애려 애쓰는 순간 삶은 더 불안해진다. 오히려 그것을 인정할 때, 외로움은 두려움이 아니라 자유로 이어진다. 고독은 피할 수 없는 조건이다. 피할 수 없다면, 외로움을 두려워하기보다 그것을 받아들이는 법을 배워야 한다.

외로움을 두려워하지 않으려면 먼저 의미 있는 고독과 무의미한 고립을 구별해야 한다. 무의미한 고립은 관계 단절에서 오는 상처다. 그러나 의미 있는 고독은 자기와 마주하는 시간이다. 책을 읽고, 글을 쓰고, 스스로의 생각을 정리하는 시간은 혼자 있어야만 가능하다. 이 고독은 내면을 단단하게 만들고, 다시 관계 속으로 들어갈 힘을 길러준다. 외로움이 두려운 것이 아니라, 외로움을 어떻게 쓰느냐가 중요하다.

또한 외로움은 자기 성찰의 기회다. 우리는 늘 바깥의 소음 속에서 살기 때문에 자기 목소리를 듣지 못한다. 그러나 혼자 있을 때야말로 진짜 나와 대화할 수 있다. 내가 무엇을 원하는지, 무엇에 지쳤는지, 무엇을 포기해야 하는지를 알 수 있다. 외로움을 도망칠 대상이 아니라, 자기 자신을 만나는 문으로 본다면 두려움은 줄어든다.

외로움을 두려워하지 않기 위해, 필요한 또 하나는 타인의 시선에서 벗어나는 것이다. 우리는 혼자 있는 순간을 부끄럽게 여기곤 한다. 카페에 혼자 앉아 있으면 사람들이 나를 외로운 사람으로 볼까 두렵다. 그러나 쇼펜하우어는 타인의 눈으로 자기 삶을 평가하는 태도를 경계했다. 외로움을 견디지 못하는 것은 사실 타인의 시선에 대한 불안일 뿐이다. 그 시선을 내려놓는 순간, 혼자의 시간은 더 이상 결핍이 아니라 자유가 된다.

무엇보다 외로움을 두려워하지 않는다는 것은 관계의 본질을 인정하는 것이기도 하다. 우리는 앞에서 모든 사람과 친해질 수 없다는 사실을 확인했다. 그렇다면 어느 순간에는 반드시 혼자가 될 수밖에 없다. 이 사실을 받아들이지 못하면, 외로움을 피하려는 집착 때문에 불필요한 관계에 매달리게 된다. 그러나 고독을 삶의 일부로 받아들일 때, 오히려 더 건강하게 관계를 맺을 수 있다. 혼자 있을 수 있는 사람이야말로 진정으로 함께할 준비가 된 사람이다.

쇼펜하우어의 조언은 명확하다. 고독은 벌이 아니라 선물이다. 외로움을 두려워하지 않을 때, 우리는 불필요한 관계를 과감히 정리할 수 있고, 질 높은 소수의 관계를 선택할 수 있다. 그리고 그 순간 외로움은 나를 괴롭히는 감정이 아니라, 나를 성장시키는 힘으로 변한다.

결국 외로움을 두려워하지 않는다는 것은 자기 삶의 주도권을 되찾는 일이다. 타인의 시선에 흔들리지 않고, 얕은 관계에 매달리지 않으며, 혼자만의 시간을 두려워하지 않을 때, 우리는 비로소 자유로워진다. 외로움은 피해야 할 적이 아니라, 삶을 단단하게 만드는 동반자다.

"고독은 벌이 아니라 선물이다. 외로움을 두려
워하지 않을 때, 우리는 불필요한 관계를 과감히
정리할 수 있고, 질 높은 소수의 관계를 선택할
수 있다."

"고독은 벌이 아니라 선물이다. 외로움을 두려
워하지 않을 때, 우리는 불필요한 관계를 과감히
정리할 수 있고, 질 높은 소수의 관계를 선택할
수 있다."

혼자의 시간을 현명하게 활용하는 기술

"의지는 자유로울 뿐만 아니라 전능한 것이기도 하다."

– 아르투르 쇼펜하우어, 〈의지와 표상으로서의 세계〉

혼자의 시간을 두려워하지 않는다고 해서 그것이 곧바로 성장으로 이어지는 것은 아니다. 중요한 것은 그 시간을 어떻게 활용하느냐다. 같은 한 시간이더라도 누군가는 공허한 스크롤로 채우고, 누군가는 자기 성찰과 내적 자산으로 남긴다. 쇼펜하우어가 강조했던 고독의 가치는 단순히 혼자 있는 상태 자체가 아니라, 그 속에서 무엇을 하느냐에 달려 있다. 그렇다면 혼자의 시간을 현명하게 활용하는 기술은 무엇일까?

혼자의 시간은 무엇보다 생각을 정리하는 공간이 되어야 한다. 사람과의 대화 속에서는 내가 진짜 원하는 생각을 끝까지 밀고 가기 어렵다. 타인의 반응에 맞추고, 눈치를 보며, 말의 뉘앙스를 조율하다 보면 내 생각은 흐려진다. 그러나 혼자 있을 때는 방해받지 않고 끝까지 스스로와 대화할 수 있다. 오늘의 고민, 앞으로의 계획, 나를 힘들게 하는 문제를 글로 쓰거나 마음속으로 정리하는 것만으로도 방향이 선명해진다. 쇼펜하우어가 독서와 사유를 중시한 것도 결국 고독 속에서 사유가 가장 깊어지기 때문이었다.

또한 혼자의 시간은 창조적 에너지의 원천이다. 위대한 예술가와 사상가들은 모두 고독 속에서 작품을 탄생시켰다. 사람들 사이에서 얻는 영감도 중요하지만, 그 영감을 깊이 소화하고 새로운 것으로 빚어내는 과정은 언제나 혼자의 몫이다. 조용한 방에서 음악을 듣거나, 글을 쓰거나, 새로운 아이디어를 구상하는 시간은 타인의 방해 없는 고요 속에서 가능하다. 혼자 있음을 지루함이 아니라 창조의 조건으로 바라볼 때, 고독은 더 이상 공허하지 않다.

혼자의 시간을 현명하게 활용하는 또 하나의 방법은 자기 돌봄이다. 늘 관계 속에서 타인을 챙기다 보면 정작 자신은 소외된다. 혼자 있을 때야말로 나에게 집중할 수 있는 순간이다. 충분한 수면, 가벼운 산책, 좋아하는 책 한 권, 일기 쓰기 같은 작은 습관들이 마음을 회복시킨다. 쇼펜하우어는 인간이 본질적으로 고통 속에 살아간다고 보았지만, 동시에 음악이나 예술 같은 경험이 그 고통을 잠시 잊게 해준다고 했다. 혼자의 시간은 바로 그 회복의 통로가 된다.

현명하게 혼자의 시간을 활용한다는 것은 단순히 생산성을 높이는 것이 아니다. 오히려 쓸모없는 것처럼 보이는 여백 속에서 더 큰 의미가 피어난다. 스마트폰을 내려놓고 멍하니 창밖을 바라보는 시간, 산책길에서 떠오르는 사소한 생각이 오히려 삶의 전환점이 되기도 한다. 외부의 자극을 끊고 내면의 목소리에 귀기울일 때, 우리는 비로소 '나'라는 존재와 다시 연결된다. 정경수 작가는 《혼자의 기술》에서 이렇게 말한다.

"성공한 사람 주변에는 늘 사람이 많은 것을 보고 인간관계, 네트워크가 중요하다고 말한다. 인맥은 만든다고 만들어지는 게 아니다. 어떤 것에도 의지하지 않고 혼자 열심히 노력하는 과정에서 도움을 주는 사람은 저절로 생기기 마련이다. … 제대로 된 인맥을 만들어서 전문가의 도움을 받고 싶다면 SNS에서 친구를 맺거나 모임에 나가기보다는 계속 새로운 일을 만들고 열심히 하는 모습을 보여주면 된다."

결국 진짜 인맥과 관계는 억지로 연결망을 넓히려 애쓰는 데서 오는 것이 아니라, 혼자의 시간을 충실히 살고 내면을 단단히 세우는 과정에서 자연스럽게 찾아온다.

무엇보다 중요한 것은 혼자의 시간을 타인의 시선에서 자유롭게 쓰는 것이다. 우리는 혼자 카페에 앉아 있으면 남들이 나를 외로운 사람으로 보지 않을까 불안해한다. 그러나 그 순간조차도 타인의 눈으로 내 시간을 평가받고 있다. 쇼펜하우어는 타인의 인정에 기대는 삶이 행복을 빼앗는다고 했다. 혼자의 시간을 제대로 활용하려면, 타인의 눈이 아니라 자기 기준으로 시간을 써야 한다. 그때 혼자는 결핍이 아니라 자유가 된다.

혼자의 시간을 현명하게 쓰는 사람은 관계에서도 강하다. 자기 내면을 돌보고 단단히 서 있는 사람은 타인에게 끌려다니지 않는다. 불필요한 관계를 정리할 용기도, 거절할 용기도 여기에서 나온다. 혼자의 시간이 단단할수록 관계의 질도 깊어진다. 결국 고독을 피하지 않고 그 시간을 지혜롭게 다루는 것이야말로 성숙한 인간관계의 출발점이다.

쇼펜하우어가 우리에게 알려주는 교훈은 분명하다. 고독은 인간에게 주어진 숙명이지만, 그 시간을 어떻게 활용하느냐는 우리의 선택이다. 불안하게 흘려보내면 외로움이 되고, 현명하게 다루면 지혜가 된다. '의지는 자유로울 뿐만 아니라 전능하다'고 말한 것도 같은 맥락이다. 고독이라는 조건은 누구에게나 주어지지만, 그 시간을 비워두느냐, 아니면 성찰과 창조로 채우느냐는 전적으로 나의 의지에 달려 있다. 결국 고독이 나를 갉아먹는 외로움이 될지, 나를 단단하게 만드는 자산이 될지는 내가 어떻게 선택하느냐에 따라 달라진다. 혼자의 시간을 두려워하지 말고, 그 시간을 나를 위해 쓰는 법을 배울 때, 우리는 비로소 외부의 관계에도 휘둘리지 않고 자기 삶의 중심을 지킬 수 있다.

"혼자 있을 때야말로 나에게 집중할 수 있는 순간이다. 충분한 수면, 가벼운 산책, 좋아하는 책 한 권, 일기 쓰기 같은 작은 습관들이 마음을 회복시킨다."

"혼자 있을 때야말로 나에게 집중할 수 있는 순간이다. 충분한 수면, 가벼운 산책, 좋아하는 책 한 권, 일기 쓰기 같은 작은 습관들이 마음을 회복시킨다."

사회적 고립과 건강한 고독의 차이

"의지로부터 의지의 행위뿐만 아니라 의지의 세계도 존재한다."
– 아르투르 쇼펜하우어, 〈의지와 표상으로서의 세계〉

많은 사람들이 고독과 고립을 같은 의미로 사용한다. 그러나 두 단어 사이에는 본질적인 차이가 있다. 고립은 나를 세상에서 끊어내는 상태라면, 고독은 스스로를 세상과 구별해 내면으로 들어가는 상태다. 겉으로 보기에는 둘 다 혼자 있는 것처럼 보이지만, 그 속성은 완전히 다르다. 고립은 삶을 황폐하게 만들지만, 고독은 삶을 깊게 만든다. 쇼펜하우어가 말한 '고독의 가치'는 바로 이 차이를 이해할 때 드러난다. 영어에서도 비슷한 구분이 존재한다. loneliness는 타인과 단절되었을 때 느끼는 결핍의 감정, 즉 외부와의 단절이 가져오는 고통을 뜻한다. 반면 solitude는 스스로 선택한 홀로 있음, 즉 내면을 돌보고 사유하는 시간을 의미

한다. 한쪽은 부재에서 비롯된 결핍이고, 다른 한쪽은 충만을 위한 선택이다. 그래서 loneliness는 인간의 사회적 본능이 충족되지 못할 때 생기는 불안과 슬픔을 담고 있지만, solitude는 오히려 자기 성찰과 창조적 에너지를 불러일으키는 힘이 된다.

이 차이를 분명히 할 때, 우리는 혼자 있는 시간에 대한 두려움에서 벗어나 진정한 고독의 가치를 발견할 수 있다. 외부와 단절된 고립 속에서 소모되는 대신, 스스로 선택한 고독 속에서 내면의 목소리를 듣고 삶을 더욱 깊게 만드는 것이다.

사회적 고립은 주로 타의에 의해 발생한다. 원하지 않지만 관계가 끊어지고, 누군가에게서 배제되며, 소속감을 상실할 때 고립을 경험한다. 고립 속의 인간은 불안과 공허에 시달린다. 자신이 사회에서 필요 없는 존재라는 생각이 깊어지면 우울과 무력감이 뒤따른다. 고립은 자존감을 갉아먹고, 결국 삶 전체의 활력을 빼앗는다. 실제로 연구에 따르면 사회적 고립은 흡연이나 과음만큼 건강에 해롭다고 한다. 혼자가 아니라 '버려졌다'는 감각이 인간을 병들게 하는 것이다.

반면 건강한 고독은 자발적이다. 스스로 선택해 혼자의 시간을 만들고, 그 속에서 자신을 돌본다. 고독 속의 인간은 세상과 단절된 것이 아니라, 오히려 더 선명하게 세상을 바라본다. 고독은 타인과의 관계를 거부하는 것이 아니라, 관계를 맑게 걸러내는 과정이다. 내가 나와 마주하는 시간이 충분해야, 타인과도 진정한 만남이 가능하다. 따라서 고독은 회피가 아니라 성찰이며, 단절이 아니라 성장이다.

쇼펜하우어는 인간이 본질적으로 혼자일 수밖에 없다고 보았다. 아무리 가까운 관계라 해도 타인의 의식에 완전히 들어갈 수는 없고, 결국 각자는 자기 내면에 갇혀 있다. 그러나 그는 이 사실을 절망으로 보지 않았다. 오히려 고독을 견딜 수 있는 사람만이 자유롭다고 했다. 고립은 강제로 주어진 상처이지만, 고독은 스스로 받아들이는 힘이다. 차이는 여기에서 갈린다.

건강한 고독을 누리려면 먼저 관계의 선택권을 자각해야 한다. 고립은 선택할 수 없기에 고통이 된다. 하지만 고독은 내가 원할 때 언제든 시작할 수 있는 것이다. 혼자 책을 읽고, 글을 쓰고, 산책하며 사유하는 시간은 타인에게 빼앗길 수 없는 나만의 영역이다. 이것이 쌓일수록 내면은 단단해지고, 관계에서도 끌려다니지 않는다. 고독은 나를 지키는 방패다.

또한 고독은 관계의 질을 높이는 힘이 된다. 고립된 사람은 관계에서 결핍을 채우려 한다. 외로워서 상대에게 과도하게 의존하고, 결국 관계를 왜곡시킨다. 반대로 고독을 즐길 줄 아는 사람은 이미 자기 내면이 채워져 있기 때문에 관계에서도 독립적이다. 서로의 자유를 인정하며, 억지 친밀감이 아니라 존중과 신뢰로 이어진다.

결국 고립과 고독의 차이는 '나를 잃느냐, 나를 찾느냐'에 있다. 고립은 나를 사회에서 잃어버리게 만들지만, 고독은 나를 나에게 되돌려 준다. 고립은 피해야 하지만, 고독은 찾아야 한다. 이것을 혼동하면 혼자의 시간을 두려워하게 되고, 불필요한 관계에 매달리게 된다. 그러나 차이를 분명히 이해한다면, 우리는 외로움을 자산으로 바꿀 수 있다.

쇼펜하우어가 우리에게 전하는 메시지는 단순하다. 혼자 있는 시간은 언제나 양날의 검이다. 피할 수 없는 조건이지만, 그것을 어떻게 바라보느냐에 따라 고립이 될 수도, 고독이 될 수도 있다. 외부 조건이 나를 고립으로 밀어 넣더라도, 그 시간을 고독으로 전환하는 힘은 의지에 달려 있다. 결국 혼자의 시간을 어떤 세계로 만들지는 전적으로 내 선택과 태도에 달린 것이다. 고독을 두려움이 아닌 지혜로 받아들이는 순간, 혼자는 결핍이 아니라 자유가 된다.

"건강한 고독은 자발적이다. 스스로 선택해 혼자의 시간을 만들고, 그 속에서 자신을 돌본다."

"건강한 고독은 자발적이다. 스스로 선택해 혼자의 시간을 만들고, 그 속에서 자신을 돌본다."

관계에서도 미니멀리즘이 필요하다

"순수하게 그 자체로 고찰하자면 의지는 인식이 없는 것이고 단지 맹목적이고 끊임없는 충동일 뿐이다."

— 아르투르 쇼펜하우어, 〈의지와 표상으로서의 세계〉

우리는 물건이 넘쳐나는 시대를 살고 있다. 불필요한 소비를 줄이고 꼭 필요한 것만 남기는 미니멀리즘은 이제 단순한 유행을 넘어 하나의 삶 태도가 되었다. 그런데 정작 더 중요한 것은 물건보다도 인간관계의 미니멀리즘일지 모른다. 불필요하게 쌓여만 가는 관계가 나를 더 행복하게 만들지는 않는다. 오히려 내 시간과 에너지를 갉아먹으며 삶을 무겁게 만든다. 그렇다면 관계에도 미니멀리즘이 필요하다. 쇼펜하우어가 '의지는 인식이 없는 맹목적 충동'이라고 말했듯, 관계를 무작정 늘리려는 욕망도 사실은 깊은 성찰에서 나온 선택이 아니라 본능적인 불안과 충동에 불과하다. 이 충동을 분별하지 못하면 삶은 관계로 가득 차 있지만, 정작 나 자신은 비어 있게 된다. 따라서 관계에서도 미니멀리즘은 단순한 정리가 아니라, 맹목적 충동에서 벗어나 의식적으로 선택하는 삶의 태도다.

인간관계의 과잉은 흔히 '좋은 사람'이라는 이미지를 유지하려는 욕구에서 비롯된다. 모든 초대를 수락하고, 모든 부탁에 응하며, 모든 사람과 원만하게 지내려 애쓴다. 그러나 그 결과는 어땠는가? 늘 바쁘고, 정작 중요한 사람과의 관계에는 소홀해지고, 스스로를 돌볼 여유조차 사라진다. 물건을 무분별하게 사들이면 집이 어질러지듯, 관계를 무분별하게 쌓아두면 마음이 어지러워진다.

쇼펜하우어는 인간이 본질적으로 자기 욕망을 따라 사는 존재라고 보았다. 그렇기에 모든 사람과 깊은 관계를 맺는 것은 불가능하다. 누군가는 나를 이해하지 못하고, 누군가는 나를 이용하려 한다. 그렇다면 얕은 관계를 억지로 유지하기보다는 과감히 정리하는 것이 현명하다. 미니멀리즘이 불필요한 물건을 버리고 본질적인 가치를 남기는 것이라면, 관계의 미니멀리즘은 불필요한 인연을 정리하고 진짜 의미 있는 사람만 곁에 두는 것이다.

관계의 미니멀리즘이 필요한 이유는 우리의 시간과 에너지가 유한하기 때문이다. 하루 24시간, 그 안에서 수십 명과 진심 어린 관계를 유지하는 것은 불가능하다. 결국 넓고 얕은 관계는 나를 지치게 하고, 깊고 의미 있는 관계를 가로막는다. 삶을 가볍게 만들고 싶다면 관계의 우선순위를 다시 세워야 한다. '나에게 힘이 되는 사람', '서로를 존중하는 사람', '함께 성장할 수 있는 사람'만 남기고, 그렇지 않은 관계는 미련 없이 줄여야 한다.

관계의 미니멀리즘은 고립이 아니라 선택이다. 고립은 모든 관계를 끊고 혼자가 되는 것이지만, 미니멀리즘은 불필요한 관계를 정리해 더 좋은 관계에 집중하는 것이다. 집 안에서 불필요한 물건을 버리면 비로소 필요한 물건이 제자리를 찾듯, 관계에서도 정리가 필요하다. 불필요한 관계를 버려야 진짜 중요한 사람과의 관계가 제자리를 찾는다.

또한 관계의 미니멀리즘은 자기 존중의 표현이기도 하다. 거절하지 못해 이어가는 관계는 결국 나를 해친다. 그러나 내 경계를 분명히 세우고, 필요 없는 관계를 정리하는 것은 나 자신을 존중하는 일이다. 내가 나를 존중할 때, 타인도 나를 존중한다. 관계를 줄이는 것은 외면이 아니라, 오히려 남은 관계를 더 깊게 만드는 길이다.

쇼펜하우어는 고독을 삶의 본질로 보았다. 인간은 끝내 혼자일 수밖에 없고, 모든 관계는 제한적일 수밖에 없다. 그렇다면 억지로 많은 관계를 유지하는 것보다, 소수의 진정한 관계에 집중하는 것이 더 합리적이다. 결국 관계에서도 미니멀리즘은 고독을 견디고 즐기는 힘과 연결된다. 혼자 있는 시간을 두려워하지 않을 때, 우리는 불필요한 관계를 정리할 수 있다.

관계에서 미니멀리즘을 실천한다는 것은 삶을 단순하게 만드는

것이다. 필요 없는 인연을 붙잡지 않고, 억지로 웃지 않으며, 타
인의 기대에 매이지 않는다. 그 대신 나를 지켜주고 함께 성장하
는 사람에게 집중한다. 그렇게 삶은 가벼워지고, 마음은 단단해
진다. 결국 진짜 행복은 많은 관계에서 오는 것이 아니라, 잘 정
리된 소수의 관계에서 온다.

"관계의 미니멀리즘이 필요한 이유는 우리의 시간과 에너지가 유한하기 때문이다. 하루 24시간, 그 안에서 수십 명과 진심 어린 관계를 유지하는 것은 불가능하다."

"관계의 미니멀리즘이 필요한 이유는 우리의 시간과 에너지가 유한하기 때문이다. 하루 24시간, 그 안에서 수십 명과 진심 어린 관계를 유지하는 것은 불가능하다."

4장 말수가 적은 사람들의 인간관계 생존법

쇼펜하우어는 왜 '침묵'을 강조했는가

"어떤 것이든지 세계에 속하는 것 그리고 세계에 속할 수 있는 것은 어쩔 수 없이 주관에 의해서 제약되어 있음(Bedingtsein)에 사로잡혀 있는 것이며 그리고 오로지 주관을 위해서만 있는 것이다."
– 아르투르 쇼펜하우어, 〈의지와 표상으로서의 세계〉

우리는 흔히 말을 잘하는 것이 인간관계에서 중요한 능력이라고 믿는다. 유창한 대화, 적절한 농담, 설득력 있는 언변이 사회적 성공을 이끈다고 생각한다. 그러나 쇼펜하우어는 달랐다. 그는 말을 잘하는 것보다 침묵을 지킬 줄 아는 것이 더 중요하다고 보았다. 내가 하는 말은 언제나 타인의 주관 속에서 재해석되며, 그 과정에서 본래의 의미와 달라질 수밖에 없다. 그렇다면 말이 많아질수록 오해와 충돌의 위험은 커지고, 침묵은 그 위험을 줄이는 가장 지혜로운 태도가 된다.

쇼펜하우어는 인간의 본성이 이기적이라고 보았다. 그래서 대화 속에서 나누는 말들은 순수한 이해와 공감을 위한 것이 아니라, 대체로 자기 욕망의 발현이 되기 쉽다. 상대방은 내 이야기를 듣는 듯해도 사실은 자기 차례를 기다리며, 내가 무심코 내뱉은 말은 곧바로 이용되거나 왜곡될 수 있다. 그렇다면 불필요한 말을 줄이는 것은 스스로를 보호하는 가장 확실한 방법이 된다. 침묵은 나를 지키는 방패다.

또한 그는 불필요한 수다를 경계했다. 수다는 사람을 가볍게 만든다. 깊이가 없는 말은 시간을 낭비하게 하고, 결국 관계마저 얕게 만든다. 반면 침묵은 관계를 무겁게 한다. 필요할 때만 하는 말은 그만큼 힘이 있다. 쇼펜하우어는 '말은 값싼 것이고, 침묵은 값비싼 것'이라고 보았다. 침묵을 지킬 수 있는 사람만이 정말 중요한 순간에 자기 말을 무게 있게 전할 수 있다.

침묵은 또한 사유의 조건이다. 떠들고 있는 동안에는 자기 생각이 깊어지지 않는다. 고독 속에서 침묵을 견디는 시간이 있어야 사유가 자라난다. 쇼펜하우어가 철학자로서 날카로운 통찰을 남길 수 있었던 것도 결국 혼자 있는 시간, 말하지 않고 생각하는 시간을 소중히 여겼기 때문이다. 침묵은 단순히 말하지 않는 상태가 아니라, 내면의 목소리를 듣는 행위다.

관계에서도 침묵은 강력한 기술이 된다. 불필요한 말은 갈등을 만든다. 사소한 농담이 상처가 되기도 하고, 의도치 않은 발언이 오해를 불러일으킨다. 그러나 침묵은 불필요한 충돌을 막아준다.

쇼펜하우어는 인간관계에서 적절한 거리를 강조했는데, 침묵은 바로 그 거리를 만들어낸다. 모든 순간에 반응하지 않고, 모든 자리에 개입하지 않을 때 관계는 오히려 안정된다.

현대 사회에서는 침묵이 더 어렵다. 스마트폰 알림, 소셜미디어, 끊임없는 대화 요청이 우리를 말과 소음의 세계로 몰아넣는다. 그러나 이럴수록 침묵의 가치는 커진다. 잠시 말하지 않고, 반응하지 않고, 자기 안에 머무르는 시간이야말로 내 삶을 지키는 힘이다. 쇼펜하우어가 강조한 침묵은 오늘날 더 절실한 조언이 된다.

결국 침묵은 무능함의 표지가 아니라, 자기 확신의 표현이다. 말로 자신을 증명하지 않아도 된다는 강함, 불필요한 자극에 흔들리지 않는 단단함이 침묵에서 나온다. 쇼펜하우어가 침묵을 강조한 이유는 단순하다. 침묵은 고독을 지켜주고, 사유를 가능하게 하며, 관계를 건강하게 만드는 힘이기 때문이다. 저스틴 존과 리 마즈는 《조용한 시간의 힘》에서 이렇게 말한다.

"가장 깊은 침묵은 그저 부재가 아니라 또한 존재이기도 하다. 침묵은 우리를 집중시키고, 치유하고, 가르칠 수 있는 존재다."

이 말처럼 침묵은 단순히 소리가 없는 상태가 아니라, 우리를 더 깊이 자기 자신과 연결하고 타인과의 관계 속에서도 균형을 지키게 하는 적극적인 힘이다. 침묵 속에서 우리는 내면을 단단히 세우고, 삶의 본질적인 의미에 더 가까이 다가갈 수 있다.

"수다는 사람을 가볍게 만든다. 깊이가 없는 말은 시간을 낭비하게 하고, 결국 관계마저 얕게 만든다."

"수다는 사람을 가볍게 만든다. 깊이가 없는 말은 시간을 낭비하게 하고, 결국 관계마저 얕게 만든다."

말이 많을수록 관계가 피곤해지는 이유

"모든 것을 인식하지만 어떤 것에 의해서도 인식되지 않는 것이 주관이다."

– 아르투르 쇼펜하우어, 〈의지와 표상으로서의 세계〉

우리는 흔히 '대화가 많아야 친밀하다'고 생각한다. 말이 끊임없이 오가고, 이야기 소재가 풍부해야만 좋은 관계처럼 보인다. 그러나 실제로는 말이 많을수록 오히려 관계가 피곤해진다. 쇼펜하우어가 침묵을 강조한 이유도 여기에 있다. 그가 '모든 것을 인식하지만 어떤 것에 의해서도 인식되지 않는 것이 주관이다'라고 말한 것도 같은 맥락이다. 우리가 아무리 많은 말을 쏟아내도, 그것은 결국 상대의 주관 속에서 재해석된다. 즉, 내 의도와 상관없이 상대의 인식 방식에 따라 달라질 수 있기에, 말이 많아질수록 오해와 충돌의 위험은 커질 수밖에 없다. 그는 불필요한 말이 인간관계를 소모하고, 결국 서로를 지치게 한다는 사실을 꿰뚫어 보았다.

말이 많아지면 가장 먼저 오해의 위험이 커진다. 단순한 농담이나 사소한 표현도 때로는 상대의 감정을 건드린다. 나의 의도와 다르게 상대가 받아들이면 곧바로 갈등이 시작된다. 침묵은 갈등의 불씨를 최소화하지만, 과잉된 말은 오해를 키운다. 특히 가까운 관계일수록 말은 더 쉽게 무기가 된다. 같은 말이라도 낯선 사람에게는 웃어넘길 수 있지만, 가까운 사람에게는 상처로 남는다. 결국 말이 많을수록 관계는 불필요한 상처에 노출된다.

또한 말이 많으면 관계의 에너지가 분산된다. 대화를 나누는 순간은 즐거울 수 있지만, 지나친 대화는 결국 피로감을 남긴다. 쉴 새 없이 이어지는 대화는 상대의 내면에 침묵의 공간을 허락하지 않는다. 사람은 누구나 혼자만의 사유와 회복이 필요한데, 수다로 가득한 관계에서는 그 여백이 사라진다. 처음에는 가볍게 즐겁지만, 시간이 지날수록 관계가 무겁게 느껴지는 이유가 여기에 있다.

말이 많을수록 또 하나의 문제가 생긴다. 바로 비밀이 사라진다는 것이다. 누군가와 가까워지기 위해 모든 것을 털어놓다 보면, 언젠가 그 말들이 내 의도와 다르게 사용될 수 있다. 말이 많으면 나를 지킬 수 있는 울타리가 무너지고, 결국 스스로를 드러내게 된다. 쇼펜하우어는 인간이 본질적으로 자기 욕망에 따라 움직인다고 보았다. 그렇다면 내가 무심코 내뱉은 말이 언제든

타인의 욕망에 의해 이용될 수 있다는 점을 기억해야 한다. 침묵
은 나를 보호하는 최선의 전략이다.

말이 많아질수록 가벼운 관계가 늘어난다는 점도 문제다. 깊이
있는 관계는 많은 말에서 생기는 것이 아니라, 필요한 순간에 적
절한 말에서 비롯된다. 침묵 속에서 신뢰가 자라기도 한다. 말로
는 다 표현하지 않아도 서로를 이해하는 순간이 관계를 단단하게
만든다. 그러나 말이 과도하면 관계는 깊어지지 못하고, 그저 피
상적인 친밀감에 머문다. 겉으로는 친하지만, 내면은 점점 지치
고 피곤해지는 것이다.

현대 사회에서는 말이 많아지는 환경이 더욱 강해졌다. 메시지
알림, 소셜미디어 댓글, 끊임없는 대화의 요구 속에서 우리는 말
로 자신을 증명하려 한다. 그러나 말이 많아질수록 관계는 오히
려 소모된다. 피곤한 관계는 대개 말의 과잉에서 시작된다. 억지
로 이어가는 대화, 진심 없는 인사, 무의미한 수다는 결국 서로를
지치게 만든다. 침묵을 존중하는 관계야말로 오래간다.

쇼펜하우어는 불필요한 말이 인생을 가볍게 만들 뿐 아니라,
타인의 무례를 불러온다고 지적했다. 많은 말을 하면 상대는 그
만큼 더 쉽게 나를 판단하고, 더 깊이 개입한다. 그러나 말이 절
제된 사람은 쉽게 침범당하지 않는다. 말이 많고 적음은 단순한
성격 차이가 아니라, 관계의 질을 좌우하는 중요한 요인이다.

결국 말이 많을수록 관계가 피곤해지는 이유는 단순하다. 말은
에너지를 쓰게 하고, 오해를 낳고, 비밀을 약화하며, 피상적 친밀

감만 늘리기 때문이다. 반대로 침묵은 오해를 줄이고, 에너지를 지키며, 신뢰를 키운다. 말은 관계의 윤활유일 수 있지만, 지나치면 불필요한 마찰을 만든다. 필요한 순간에만 무게 있는 말을 하는 사람이 오히려 더 깊은 신뢰를 얻는다.

쇼펜하우어가 강조한 침묵의 철학은 결국 관계의 본질을 지키기 위한 것이다. 불필요한 말이 관계를 소모시킬 때, 침묵은 관계를 보호한다. 말이 많아야만 친밀한 것이 아니라, 오히려 침묵을 함께 견딜 수 있는 관계가 가장 친밀하다. 말이 적어도 불편하지 않은 관계, 침묵 속에서도 편안한 관계가 진짜 오래간다.

"가까운 관계일수록 말은 더 쉽게 무기가 된다. 같은 말이라도 낯선 사람에게는 웃어넘길 수 있지만, 가까운 사람에게는 상처로 남는다."

"가까운 관계일수록 말은 더 쉽게 무기가 된다. 같은 말이라도 낯선 사람에게는 웃어넘길 수 있지만, 가까운 사람에게는 상처로 남는다."

불필요한 대화를 피하는 법

"주관은 세계의 담지자이며, 모든 현상과 모든 객관의 일반적인 전제, 항상 전제된 조건인 것이다."

— 아르투르 쇼펜하우어, 〈의지와 표상으로서의 세계〉

쇼펜하우어가 말한 '주관은 세계의 담지자'라는 문장은, 우리가 세상을 객관적으로 경험하는 것이 아니라 언제나 각자의 주관을 통해 받아들인다는 뜻이다. 마찬가지로 대화 속에서 오가는 말들도 객관적 진리라기보다 상대의 주관 속에서 변형되고 소모되기 쉽다. 우리는 일상에서 수많은 대화를 나눈다. 인사치레, 가벼운 농담, 눈치를 살피며 건네는 말들까지 포함하면 하루의 상당 부분이 '불필요한 대화'로 채워진다. 문제는 이 대화들이 겉으로는 관계를 유지하는 데 도움이 되는 것 같지만, 실제로는 나의 에너지를 소모하고 마음을 지치게 만든다는 점이다. 쇼펜하우어가 침묵을 강조한 이유는 바로 여기에 있다. 그는 쓸모없는 말을 줄이는 것이 삶을 지혜롭게 만드는 길이라고 보았다. 그렇다면 우리는 어떻게 불필요한 대화를 피할 수 있을까?

첫째, 의례적 대화와 진짜 대화를 구별하는 눈이 필요하다. 의례적 대화는 관계의 겉모습만 유지하기 위한 말에 불과하다. "밥은 먹었어?", "날씨 좋네" 같은 말들은 서로를 깊이 이해하기보다는 공허한 시간을 채우는 역할을 할 뿐이다. 반면 진짜 대화는 상대를 이해하고, 생각을 나누며, 함께 성장하는 대화다. 불필요한 대화를 피하려면 우선 이 둘을 분별하는 감각을 길러야 한다. 의례적 대화는 길게 이어가지 말고 간단히 응답한 뒤 자연스럽게 마무리하는 것이 현명하다.

둘째, 침묵을 두려워하지 말아야 한다. 많은 사람들이 불필요한 대화를 이어가는 이유는 침묵을 견디지 못해서다. 대화 중 잠시 멈춤이 생기면 어색함을 메우기 위해 의미 없는 말을 꺼낸다. 그러나 쇼펜하우어가 강조했듯 침묵은 결핍이 아니라 힘이다. 침묵을 편안하게 받아들이는 태도만으로도 불필요한 대화는 줄어든다. 침묵 속에서 오히려 관계의 진짜 깊이가 드러나기도 한다.

셋째, 타인의 기대에 휘둘리지 않는 태도가 필요하다. 우리는 상대방이 대화를 원하리라 추측하고, 억지로 대화를 이어가곤 한다. 하지만 대화는 반드시 이어가야만 하는 의무가 아니다. 내가 지치거나 불필요하다고 느낄 때는 자연스럽게 대화를 줄여도 된다. 쇼펜하우어는 인간이 본질적으로 자기 욕망으로 움직인다고 했다. 그렇다면 누군가의 대화 욕구에 내가 반드시 응답해야 할 이유는 없다. 대화의 끈을 쥐고 있는 것은 언제나 나 자신이다.

넷째, 정보 과잉을 경계해야 한다. 불필요한 대화의 많은 부분은 사실 소문과 잡담에서 비롯된다. 남의 이야기를 전하거나, 관계없는 일에 참견하는 대화는 시간을 빼앗고 감정을 소모하게 한다. 이런 대화에 참여하지 않는 것만으로도 삶은 훨씬 가벼워진다. "그런 이야기는 잘 몰라" 혹은 "나는 그런 얘기엔 관심이 없어"라는 단호한 태도는 관계를 해치지 않으면서도 대화를 정리할 수 있는 좋은 방법이다.

다섯째, 대화의 목적을 분명히 하는 것이다. 내가 이 말을 꼭 해야 하는지, 이 대화가 나와 상대에게 어떤 의미가 있는지를 스스로 점검하는 습관은 불필요한 말을 줄이는 데 큰 도움이 된다. 단순한 습관적 수다가 아니라, 목적과 의식이 있는 말만 남기는 것이다. 이렇게 말이 줄어들면, 오히려 내 말은 더 무게를 얻는다.

결국 불필요한 대화를 피한다는 것은 단순히 말의 양을 줄이는 것이 아니라, 삶의 질을 높이는 일이다. 쓸모없는 대화로 채워진 하루는 공허함만 남기지만, 필요한 순간의 진짜 대화는 삶을 풍요롭게 만든다. 쇼펜하우어가 침묵을 강조한 이유는 바로 이 지

점에 있다. 불필요한 대화를 피하고 침묵을 선택하는 순간, 우리
는 더 이상 말의 노예가 아니라 말의 주인이 된다.

　관계에서도 마찬가지다. 불필요한 대화가 줄어들면, 오히려 진
짜 중요한 말이 더 빛난다. 억지로 이어가는 대화 대신, 서로를
존중하며 때로는 침묵을 공유하는 관계가 더 단단하다. 말이 많
아야 친밀한 것이 아니라, 불필요한 말을 하지 않아도 편안한 관
계야말로 진짜 친밀한 관계다.

"쓸모없는 대화로 채워진 하루는 공허함만 남기지만, 필요한 순간의 진짜 대화는 삶을 풍요롭게 만든다."

"쓸모없는 대화로 채워진 하루는 공허함만 남기지만, 필요한 순간의 진짜 대화는 삶을 풍요롭게 만든다."

무례한 사람을 우아하게 대처하는 방법

"존재하는 것은 항상 오로지 주관을 위해서 있기 때문이다."
– 아르투르 쇼펜하우어, 〈의지와 표상으로서의 세계〉

우리는 살아가면서 무례한 사람을 피할 수 없다. 대화 중에 불쑥 선을 넘는 말을 던지거나, 내 사생활을 함부로 평가하거나, 나를 깎아내리며 자기 우위를 드러내려는 사람을 마주한다. 그때 대부분의 사람은 두 가지 반응 사이에서 갈등한다. 즉각적으로 맞대응해 싸우거나, 아무 말도 못 하고 속으로만 끙끙 앓는 것이다. 그러나 쇼펜하우어의 관점에서 보면, 이 두 가지 모두 현명하지 못하다. 그가 강조한 침묵과 절제는 무례한 사람을 대할 때 더욱 빛을 발한다. 존재가 주관에 의해 규정된다는 그의 말은, 무례한 언행조차도 결국 상대의 내면에서 비롯된 그림자일 뿐임을 보여준다. 그렇다면 우리는 그 그림자에 반응하기보다, 스스로의 품위를 지키는 쪽을 선택할 수 있다.

무례한 사람에게 즉각적으로 맞대응하는 것은 순간의 통쾌함은 줄 수 있지만, 결국 나를 더 소모시킨다. 감정적으로 대응하면 그 사람과 같은 수준으로 내려가게 되고, 나의 품위마저 잃게 된다. 반대로 아무런 반응도 하지 못하고 침묵하면 상대는 오히려 나를 만만하게 여기며 계속해서 무례함을 반복할 수 있다. 그렇다면 어떻게 해야 할까? 해법은 우아한 대처다.

우아하게 대처한다는 것은 먼저 무례함을 상대의 문제로 돌려 놓는 것이다. 쇼펜하우어는 인간의 본성이 자기 욕망에 따라 움 직인다고 보았다. 그렇다면 상대의 무례함도 결국 그의 결핍과 불안을 드러내는 표현일 뿐이다. 그것을 곧이곧대로 받아들일 필 요는 없다. 상대가 던진 말이 내 가치를 결정하는 것은 아니기 때 문이다. 이렇게 시선을 전환하는 순간, 나는 감정의 소용돌이에 휘말리지 않고 한발 물러설 수 있다.

우아한 대처는 또한 침묵을 전략적으로 활용하는 것이다. 불필 요하게 대응하지 않는 것만으로도 무례함은 힘을 잃는다. 짧은 침묵은 상대를 불편하게 만들고, 그가 던진 말의 가벼움을 드러 낸다. 굳이 장황하게 설명하거나 해명하지 않아도 된다. 오히려 아무 말도 하지 않음으로써, 나는 내 품위를 지키고 상대의 수준 낮은 행동에 휘말리지 않는다.

그러나 침묵만으로 부족할 때도 있다. 그럴 때는 단호하면서도 간결한 표현이 필요하다. "그 말은 불편하네요." "그 부분은 제 사생활이라 이야기하고 싶지 않아요." "그건 동의하기 어려운 부분이에요." 이처럼 짧고 명확한 말은 싸움을 만들지 않으면서도 경계를 분명히 한다. 우아함은 부드러움과 단호함이 동시에 존재할 때 완성된다. 상담 전문가 이현주 교수는 《무례한 사람을 다루는 법》에서 이렇게 말한다.

"어떤 인간관계에서든 자신을 스스로 보호하는 것이 가장 먼저다. 그런데 이를 잘 아는 사람도 왜 그렇게 하지 못할까? 무엇보다 나와 상대의 성격 구조, 그리고 관계 역학에 대해 명확히 알지 못하는 것이 이유인 경우가 많다. 만약 당신이 유난히 인간관계에서 단호하지 못하다면, 자꾸 손해를 입으면서도 착한 사람으로 살고 있다면, 가장 먼저 자신을 이해할 필요가 있다. 또한 당신을 힘들게 만드는 사람의 패턴과 역동을 정확히 알아야 한다. 그러고 나서 울타리를 구축한다."

결국 필요한 것은 무례에 맞서 싸움으로 치닫는 것이 아니라, 나를 지키는 울타리를 세우고, 부드럽지만, 단호한 태도로 경계를 명확히 하는 일이다. 무례한 사람을 대할 때 가장 경계해야 할 것은 내가 스스로 무례해지는 것이다. 억울함을 풀겠다고 같은 방식으로 상대를 공격하면, 결국 나도 같은 수준으로 떨어진다. 쇼펜하우어는 인간관계에서 적당한 거리를 강조했다. 무례한 사람과 거리를 두는 것 역시 우아한 대처다. 꼭 같은 자리에서 맞서 싸울 필요는 없다. 대화를 짧게 줄이고, 필요 없는 만남을 피하며, 관계를 최소한으로 유지하는 것도 하나의 선택이다.

현대 사회에서는 무례함이 다양한 방식으로 드러난다. 온라인 댓글, 직장에서의 은근한 비하, 가까운 관계에서의 무심한 말들까지. 그럴수록 우아한 대처가 필요하다. 무례에 무례로 대응하는 것은 갈등만 키울 뿐이고, 완전히 침묵하는 것은 나를 소모하게 한다. 그러나 단호한 경계와 품위 있는 침묵을 병행한다면, 나는 흔들리지 않고 스스로를 지킬 수 있다.

결국 무례한 사람을 우아하게 대처하는 법은 상대가 아니라 나 자신을 지키는 법이다. 상대를 변화시키려는 순간 나는 지칠 수밖에 없다. 그러나 내 품위를 잃지 않고, 내 경계를 분명히 하며, 불필요한 싸움에 휘말리지 않는다면, 그 순간 나는 이미 이긴 것이다. 쇼펜하우어가 말한 침묵의 지혜는 바로 이런 순간에서 빛난다.

우아하게 대처한다는 것은 먼저 무례함을 상대의
문제로 돌려놓는 것이다."

우아하게 대처한다는 것은 먼저 무례함을 상대의
문제로 돌려놓는 것이다."

조용한 사람도 매력적인 인간관계를 만들 수 있다

"주관의 신체는 이미 객관인 것이며 이러한 관점에서 우리는 신체를 표상이라 부른다."

– 아르투르 쇼펜하우어, 〈의지와 표상으로서의 세계〉

존재가 주관의 표상이라는 그의 말은, 인간관계에서 말보다 더 깊이 작동하는 것이 태도와 침묵임을 시사한다. 그렇다면 조용함은 단순한 소극성이 아니라, 오히려 관계를 매력적으로 만드는 힘이 될 수 있다. 사회에서는 흔히 말이 많은 사람을 '인싸'라 부르며 부러워한다. 분위기를 주도하고, 사람들을 웃기고, 대화의 중심이 되는 사람이 매력적으로 보인다. 반대로 조용한 사람은 소극적이고, 관계를 맺는 데 서툰 사람처럼 여겨진다. 그러나 정말 그럴까? 쇼펜하우어의 관점에서 본다면 오히려 조용한 사람이 더 깊고 매력적인 인간관계를 만들 수 있다.

조용한 사람의 가장 큰 장점은 경청이다. 말보다 듣기를 더 많이 하는 사람 곁에서는 상대가 편안함을 느낀다. 인간은 본질적으로 자기 이야기를 하고 싶어 하는 존재다. 상대가 나의 이야기를 온전히 들어주고 있다는 확신을 줄 때, 우리는 그 사람에게 호감을 느낀다. 말은 많지만 듣지 않는 사람보다, 조용히 경청하는 사람이 훨씬 매력적으로 다가오는 이유다. 요즘 흔히 말하는 MBTI의 I형(내향형) 사람들이 바로 이런 힘을 가지고 있다. 겉으로는 조용하고 소극적으로 보일 수 있지만, 실제로는 상대방의 말에 깊이 집중하며 경청하는 능력이 뛰어나다. 모두가 서로 말하려고 경쟁하는 자리에서, 오히려 조용히 듣는 사람이 가장 크게 주목받기도 한다. 시끄러운 공간 속에서 한 사람만이 집중해 들어주는 순간, 이미 그 사람이 대화의 중심이 된다. 결국 내향인의 매력은 침묵 그 자체에 있는 것이 아니라, 귀 기울임을 통해 관계를 단단하게 만드는 힘에 있다. I형은 말이 적다고 해서 존재감이 옅은 것이 아니다. 오히려 말로 자신을 증명하지 않고도, 상대에게 '존중받고 있다'는 확신을 주는 사람이 된다. 지금처럼 모두가 말하려고만 하는 시대에는, 오히려 조용히 듣는 내향형의 매력이 더 빛나고 있다.

또한 조용한 사람은 말의 무게를 지닌다. 늘 많은 말을 하는 사람의 말은 쉽게 잊히지만, 침묵을 지키던 사람이 필요할 때 건네는 한마디는 더 큰 울림을 준다. 쇼펜하우어가 침묵을 강조한 것도 바로 이 지점이다. 불필요한 말이 줄어들수록, 남는 말은 더 힘을 가진다. 조용함은 단점이 아니라, 오히려 말의 가치와 무게를 높이는 방식이다. 조용한 사람의 또 다른 매력은 관계의 안정감이다. 말이 많은 관계는 자주 오해와 갈등을 낳는다. 그러나 불필요한 말이 적은 사람은 타인과 불필요한 충돌을 줄인다. 침묵 속에서도 편안함을 주는 사람은, 곁에 있으면 긴장이 풀리고 에너지가 회복되는 느낌을 준다. 이런 안정감은 어떤 유창한 화술보다 더 강력한 매력이다.

현대 사회는 말이 넘쳐나는 사회다. 소셜미디어, 메신저, 끊임없는 대화 속에서 우리는 늘 피곤하다. 이런 시대일수록 조용한 사람의 존재는 더욱 돋보인다. 조용한 사람과의 관계는 소음 속의 휴식 같은 느낌을 준다. 사람들은 본능적으로 자신을 지치게 하는 관계보다, 자신을 편안하게 만드는 관계를 찾는다. 따라서 조용함은 오히려 중요한 경쟁력이 된다.

물론 조용함이 무조건 매력으로 작동하는 것은 아니다. 중요한 것은 태도의 차이다. 불안해서 침묵하는 것과, 의식적으로 불필요한 말을 줄이며 경청하는 것은 다르다. 전자는 소극적으로 보이지만, 후자는 성숙하고 신뢰감 있는 태도로 비친다. 침묵이 불안의 표현이 되지 않도록, 자기 생각을 정리하고 필요할 때 적절히 말하는 연습이 필요하다. 이렇게 할 때 조용한 사람은 누구보다 강력한 존재감을 가질 수 있다.

쇼펜하우어는 "현명한 자는 침묵 속에서 자유를 찾는다"라고 했다. 그는 침묵을 단순한 소극성이 아니라, 지혜와 자기 보호의 방식으로 보았다. 그렇다면 조용한 사람은 이미 인간관계에서 중요한 자질을 갖추고 있는 셈이다. 불필요한 말에 휘둘리지 않고, 타인의 이야기를 경청하며, 자기 내면을 단단히 지켜내는 사람은 자연스럽게 매력적인 관계를 만들어간다.

결국 매력적인 인간관계는 말의 양에서 나오지 않는다. 오히려 말이 적더라도 경청, 신뢰, 안정감, 말의 무게가 관계를 단단히 만든다. 조용한 사람은 그 자체로 하나의 매력이며, 침묵 속에서 더 깊은 친밀감을 만들어낼 수 있다. 소란한 세상일수록, 조용한 사람 곁이 더 빛나는 이유가 여기에 있다.

"사람들은 본능적으로 자신을 지치게 하는 관계보다, 자신을 편안하게 만드는 관계를 찾는다. 따라서 조용함은 오히려 중요한 경쟁력이 된다."

"사람들은 본능적으로 자신을 지치게 하는 관계보다, 자신을 편안하게 만드는 관계를 찾는다. 따라서 조용함은 오히려 중요한 경쟁력이 된다."

좋은 관계를 유지하는 최소한의 말하기 법칙

"표상으로서의 세계는 본질적이고, 필연적이고 불가분한 두 가
지의 측면을 갖고 있다."

— 아르투르 쇼펜하우어, 〈의지와 표상으로서의 세계〉

쇼펜하우어가 말한 '표상과 의지의 불가분성'은 인간관계에도
그대로 적용된다. 말(표상)은 언제나 내면의 의지와 연결되어 있으
며, 그 둘이 조화를 이룰 때만 관계가 건강해진다. 우리는 말로
관계를 맺고, 말로 관계를 유지한다. 그러나 역설적으로 말이 많
다고 해서 좋은 관계가 이어지는 것은 아니다. 오히려 지나친 말
은 관계를 피곤하게 만들고, 불필요한 갈등을 불러온다. 그렇다
면 좋은 관계를 오래 유지하려면 어떻게 말해야 할까? 쇼펜하우
어가 침묵을 강조한 이유를 떠올려 보면 답은 의외로 단순하다.
말을 줄이되, 최소한의 법칙만 지키면 된다.

첫 번째 법칙은 진심 없는 말을 하지 않는 것이다. 우리는 관계를 부드럽게 만들기 위해 습관적으로 던지는 인사말이나 빈말에 익숙하다. 그러나 이런 말은 순간의 분위기를 가볍게 만들 수는 있어도, 결국 진정성을 떨어뜨린다. 사람은 상대가 진심으로 하는 말인지 아닌지를 직감적으로 느낀다. 억지로 던진 위로, 형식적인 칭찬은 오히려 관계의 신뢰를 무너뜨린다. 따라서 말이 적더라도 진심이 담긴 한마디가 훨씬 더 강력하다.

두 번째 법칙은 험담과 불필요한 비밀을 나누지 않는 것이다. 우리는 종종 가까워지기 위해 남의 이야기를 꺼내거나, 은밀한 정보를 공유한다. 하지만 이런 대화는 처음에는 친밀감을 주는 듯하지만, 결국 관계를 약화시킨다. 나와 함께 있을 때 다른 사람의 이야기를 쉽게 꺼내는 사람은, 언젠가 나의 이야기도 다른 자리에서 흘릴 수 있다는 의심을 불러일으킨다. 험담이 많아질수록 관계는 피곤해지고, 신뢰는 사라진다. 좋은 관계를 유지하고 싶다면, 남을 깎아내리는 말은 피해야 한다.

세 번째 법칙은 경계가 필요한 순간에는 단호하게 말하는 것이다. 관계에서 무례를 경험할 때, 많은 사람들은 갈등을 피하려고 침묵하거나 웃어넘긴다. 그러나 이 태도는 오히려 무례함을 반복하게 만든다. 침묵은 중요하지만, 경계선을 지킬 때는 분명한 말이 필요하다. "그건 불편하네요." "그 부분은 이야기하고 싶지 않아요." 같은 짧고 단호한 표현은 싸움을 만들지 않으면서도 내 자리를 지킨다. 관계를 오래 유지하는 힘은 불필요한 순응이 아니라, 품위 있는 단호함에서 나온다.

이처럼 최소한의 말하기 법칙을 지키면 관계는 오히려 가벼워지고 편안해진다. 불필요한 말과 과잉된 대화가 줄어들면, 남는 말은 모두 무게와 힘을 가진다. 침묵 속에서 나누는 짧은 대화, 필요한 순간에 단호한 한마디, 진심 어린 위로만으로도 관계는 충분히 유지된다. 중요한 것은 말의 양이 아니라, 말의 질이다.

현대 사회는 소통의 과잉 시대다. 이런 과잉 속에서 관계는 오히려 지쳐간다. 쇼펜하우어가 침묵을 강조한 것은 바로 이 때문이다. 그는 말이 적을수록 더 지혜롭고, 침묵 속에서 더 깊은 관계가 형성된다고 보았다. 불필요한 말이 줄어들수록, 남는 말은 더 강력한 힘을 가진다.

좋은 관계를 유지하는 최소한의 법칙은 결국 간단하다. 진심 없는 말은 하지 않고, 험담을 피하며, 필요할 때 단호하게 말하고, 경청을 앞세우며, 불필요한 설명을 줄이고, 행동으로 신뢰를 쌓는 것. 이 여섯 가지 법칙만 지켜도 관계는 훨씬 단단하고 오래 유지될 수 있다.

결국 관계는 말의 양으로 유지되지 않는다. 오히려 침묵과 절제가 관계를 더 오래가게 만든다. 좋은 관계란 서로가 끊임없이 말해야만 유지되는 것이 아니라, 필요 없는 말이 없어도 편안한 상태다. 쇼펜하우어가 말한 침묵의 지혜는 바로 이러한 관계의 본질을 일깨운다. 침묵을 두려워하지 않고, 최소한의 법칙만 지켜가는 것. 그것이야말로 좋은 관계를 만드는 가장 현명한 말하기 기술이다.

"좋은 관계를 유지하는 최소한의 법칙은 결국 간단하다. 진심 없는 말은 하지 않고, 험담을 피하며, 필요할 때 단호하게 말하는 것. 이 세 가지 법칙만 지켜도 관계는 훨씬 단단하고 오래 유지될 수 있다."

"좋은 관계를 유지하는 최소한의 법칙은 결국 간단하다. 진심 없는 말은 하지 않고, 험담을 피하며, 필요할 때 단호하게 말하는 것. 이 세 가지 법칙만 지켜도 관계는 훨씬 단단하고 오래 유지될 수 있다."

필요할 때만 말하는 것이 힘이 된다

"표상으로서의 전체 세계를 제약하는 담지자의 인식은 그럼에도 불구하고 전적으로 신체를 통해서 매개된다."

– 아르투르 쇼펜하우어, 〈의지와 표상으로서의 세계〉

쇼펜하우어가 말했듯, 우리의 인식과 의지는 결국 구체적인 신체와 행위로 매개된다. 이는 말 역시 마찬가지다. 무수한 생각과 감정이 있더라도, 그것이 언제 어떻게 드러나느냐에 따라 힘의 크기가 달라진다. 사람들은 흔히 말을 많이 하는 사람을 능력 있고 매력적이라고 생각한다. 분위기를 주도하고, 대화를 끊임없이 이어가는 사람이 사회적 관계에서 유리하다고 믿는다. 하지만 실제로는 말이 많다고 해서 관계가 깊어지는 것은 아니다. 오히려 말이 과도할수록 불필요한 오해와 피로가 쌓이고, 관계는 쉽게 지쳐간다. 쇼펜하우어가 침묵을 강조한 이유도 바로 여기에 있다. 그는 불필요한 말을 줄이고, 꼭 필요한 순간에만 말을 해야 진짜 힘이 생긴다고 보았다.

필요할 때만 말하는 사람이 힘을 얻는 까닭은 분명하다. 말은 많이 할수록 가벼워지고, 적을수록 무게가 생긴다. 늘 말을 쏟아 내는 사람의 언어는 쉽게 흘러가지만, 침묵을 지켜오던 사람이 건네는 한마디는 오래 기억된다. 관계 속에서 사람들은 말의 양보다 밀도를 더 크게 느낀다. 절제된 말은 드물어서 귀하게 여겨지고, 듣는 이의 마음에 더 깊은 인상을 남긴다. 방송인 유재석은 이 원리를 몸소 보여주는 대표적인 인물이다. 그는 불필요한 인터뷰나 말로 자신을 드러내기보다는, 방송에서 필요한 순간에만 목소리를 낸다. 구설을 피하려고 인터뷰를 아예 하지 않겠다는 결정을 내린 것도 같은 맥락이다. 덕분에 그의 한마디는 가볍게 소비되지 않고, 진중함을 가진 메시지로 남는다. 예능이라는 빠른 흐름 속에서도 유재석이 '신뢰할 수 있는 MC'로 자리매김할 수 있었던 비결은 바로 이 절제와 무게에 있다.

또한 말의 절제는 신뢰를 만든다. 말을 아낀다는 것은 경솔하지 않다는 의미이기도 하다. 불필요하게 많은 말을 하는 사람은 비밀을 지킬 수 없을 것 같고, 판단이 가볍다는 인상을 준다. 반대로 꼭 필요한 순간에만 간결하게 말하는 사람은 신중하고 믿을 만한 사람으로 여겨진다. "이 사람의 말은 쉽게 나오지 않는다"는 인식은 곧 신뢰로 이어진다. 결국 절제된 말은 사람들 사이에서 나를 지켜주는 보호막이 된다.

말을 아낄 줄 아는 사람은 또한 상대를 돋보이게 만든다. 내가 말을 줄일 때, 상대는 자연스럽게 더 많은 이야기를 하게 된다. 경청의 자리는 상대가 자신을 온전히 드러낼 수 있는 무대가 된다. 인간은 본능적으로 자기 이야기를 하고 싶어 하기 때문에, 자신을 끝까지 들어주는 사람에게 호감을 느낀다. 침묵은 단순히 말하지 않는 상태가 아니라, 상대의 마음을 열게 하는 가장 강력한 도구다. 그래서 말을 적게 하는 사람이 오히려 대화의 중심에 서는 역설이 일어난다.

필요할 때만 하는 말은 갈등을 줄여준다. 많은 다툼은 사실 불필요한 말에서 비롯된다. 무심코 던진 농담, 장황한 설명, 지나친 충고가 상대의 마음을 상하게 한다. 그러나 절제된 말은 이런 위험을 최소화한다. 침묵할 수 있는 사람은 불필요한 다툼을 만들지 않고, 관계를 오래 지켜낸다. 말하지 않아도 괜찮다는 태도, 불필요한 부분은 비워두는 태도가 오히려 관계를 가볍게 만든다.

절제된 말은 자기 보호의 역할도 한다. 내가 내뱉은 말은 언제든 나를 규정하고, 때로는 무기가 되어 돌아온다. 무심코 한 말이 오해를 불러일으키거나, 타인의 욕망에 이용될 수 있다. 쇼펜하우어가 인간의 본성을 자기 욕망의 추구로 보았다는 점을 생각하면, 내가 내뱉은 말은 언제든 타인의 목적을 위해 쓰일 수 있다. 말을 아낀다는 것은 나를 함부로 드러내지 않는 지혜이고, 필요할 때만 말한다는 것은 가장 세련된 자기 방어다.

오늘날 우리는 말의 과잉 속에 산다. 메시지와 알림, 댓글과 회의, 끝없는 대화가 일상을 가득 채운다. 그러나 말이 많아질수록 진짜 힘 있는 말은 희소해진다. 오히려 말을 줄이고, 꼭 필요한 순간에만 말을 던지는 사람이 더 강렬한 존재감을 남긴다. 회의 자리에서 긴 설명 대신 핵심만 짚어내는 사람, 불필요한 잡담 대신 진심 어린 한마디를 건네는 사람은 자연스럽게 주목받는다. 절제된 말은 그 자체로 권위가 된다.

필요할 때만 말한다는 것은 단순히 말을 적게 하는 것이 아니다. 그것은 말의 타이밍과 맥락을 읽는 지혜다. 아무 때나 흘려보내는 말이 아니라, 꼭 필요할 때, 간결하면서도 진심을 담아 하는 말. 이 절제의 태도가 관계를 지키고, 신뢰를 만들어낸다. 말의 양이 아니라 질이 사람 사이를 이어주고, 결국 관계의 무게를 결정한다.

쇼펜하우어가 말한 침묵의 가치는 바로 이 지점에서 빛난다. 침묵은 말의 부재가 아니라, 힘 있는 말을 위한 준비다. 침묵 속에서 사유하고, 경청하고, 내면을 단단히 한 뒤 건네는 한마디는 어떤 화려한 언변보다도 큰 힘을 발휘한다. 결국 좋은 관계와 성숙한 삶은 말이 많고 적음이 아니라, 필요할 때만 말할 줄 아는 절제에서 비롯된다.

"늘 말을 쏟아내는 사람의 언어는 쉽게 흘러가지만, 침묵을 지켜오던 사람이 건네는 한마디는 오래 기억된다."

"늘 말을 쏟아내는 사람의 언어는 쉽게 흘러가지만, 침묵을 지켜오던 사람이 건네는 한마디는 오래 기억된다."

08

내향적인 사람도 관계를 맺을 수 있다

"모든 관계는 그 자체로 단지 상대적인 존재를 갖고 있을 뿐이다."
– 아르투르 쇼펜하우어, 〈의지와 표상으로서의 세계〉

관계가 상대적이라는 쇼펜하우어의 말은, 우리가 흔히 '사교성'만을 관계의 기준으로 삼는 태도가 얼마나 협소한지를 보여준다. 내향적인 사람의 방식 역시 관계를 이루는 또 다른 유효한 길이다. 세상은 종종 외향적인 성격을 이상화한다. 활발하고 사교적이며 언제 어디서나 중심이 되는 사람이 관계를 잘 맺는 사람처럼 보인다. 반대로 조용하고 내성적인 사람은 소극적이고 관계에 서툴다고 여겨진다. 그러나 쇼펜하우어의 철학을 떠올려 보면, 이런 생각은 피상적이다. 그는 인간관계에서 중요한 것은 말의 양이 아니라, 진정성과 절제라고 보았다. 그렇다면 내향적인 사람도 충분히 좋은 관계를 맺을 수 있다. 오히려 내향성은 관계를 깊게 만드는 중요한 자산이다.

내향적인 사람은 상대의 이야기를 더 오래 듣는다. 사람은 누구나 자기 이야기를 하고 싶어 하는 존재다. 그런 욕구를 충족시켜 주는 사람에게 본능적으로 호감을 느낀다. 내향적인 사람은 말이 적기 때문에 자연스럽게 상대의 이야기에 집중할 수 있고, 이 태도가 신뢰를 만든다. 쇼펜하우어가 강조한 침묵의 힘은 바로 이 경청에서 드러난다.

내향적인 사람은 또한 깊은 관계를 선호한다. 외향적인 사람은 넓고 다양한 관계를 쉽게 맺지만, 그만큼 얕은 관계로 흘러가기 쉽다. 반면 내향적인 사람은 소수의 관계에 집중하고, 그 안에서 진정성을 다한다. 관계의 본질은 양이 아니라 질이다. 오래가는 관계, 서로에게 힘이 되는 관계는 오히려 내향적인 사람에게서 더 잘 나타난다. 이는 앞서 우리가 살펴본 관계의 미니멀리즘과도 맞닿아 있다.

또한 내향적인 사람은 사유와 성찰을 중시한다. 혼자의 시간 속에서 자신을 돌아보고, 상대를 이해하려 노력한다. 이 성찰은 관계에서 큰 힘을 발휘한다. 단순히 말을 많이 해서 친근감을 주는 것이 아니라, 상대의 마음을 깊이 이해하고 존중하는 태도로 이어진다. 상대는 그런 태도 속에서 진정한 관심을 느끼고, 관계는 더욱 단단해진다.

물론 내향적인 사람이 관계를 맺는 데 어려움을 겪을 때도 있다. 대화가 끊기면 어색해지고, 모임에서 눈에 잘 띄지 않는다.

그러나 이것은 단점이라기보다 하나의 방식일 뿐이다. 중요한 것은 내향적인 사람이 자기 방식대로 관계를 맺을 수 있다는 사실이다. 꼭 화려한 언변이나 사교적 기술이 없어도, 조용히 곁을 지켜주고, 경청하며, 필요한 순간에만 진심을 담아 말하는 태도만으로 충분히 매력적이다.

내향적인 사람의 매력은 안정감이다. 외향적인 관계는 때때로 소란스럽고 소모적이지만, 내향적인 사람과의 관계는 고요하고 편안하다. 사람들은 결국 자신을 지치게 하는 관계보다 자신을 편안하게 만드는 관계를 원한다. 그렇기에 내향적인 사람은 오히려 관계에서 오래 기억되고, 신뢰받는다.

쇼펜하우어는 인간이 본질적으로 고독한 존재라고 했다. 그럼에도 불구하고 그는 관계를 부정하지 않았다. 오히려 고독을 견디고, 필요할 때만 관계를 맺으며, 진정성 있는 태도로 다가갈 때 인간관계는 더 건강해진다고 보았다. 이런 점에서 내향적인 사람은 이미 좋은 관계를 만들 수 있는 조건을 갖추고 있다. 불필요한 말에 휘둘리지 않고, 진심 어린 태도로 관계를 선택하는 힘이 바로 내향성 속에 숨어 있다.

결국 관계를 잘 맺는다는 것은 사람들 속에서 크게 웃거나, 끊임없이 대화를 이어가는 기술이 아니다. 진심으로 상대를 존중하고, 필요할 때만 적절히 말을 건네며, 함께 있는 순간에 집중하는 태도다. 내향적인 사람은 이미 그 능력을 갖추고 있다. 외향적이지 않더라도, 오히려 조용함 속에서 더 깊고 매력적인 관계를 맺을 수 있다.

내향적인 사람도 충분히 좋은 관계를 맺을 수 있
다. 오히려 내향성은 관계를 깊게 만드는 중요한
자산이다."

내향적인 사람도 충분히 좋은 관계를 맺을 수 있
다. 오히려 내향성은 관계를 깊게 만드는 중요한
자산이다."

5장 관계 피로에서 벗어나 나답게 사는 법

혼자 있는 시간은 인생의 필수 요소

"의지가 원하는 것은 다른 것이 아니라 이 세계이며, 이 세계 속에서 있는 삶인 것이다."

— 아르투르 쇼펜하우어, 〈의지와 표상으로서의 세계〉

쇼펜하우어가 말했듯 인간의 의지는 결국 이 세계 속 삶을 선택하고 살아가는 힘이다. 그렇다면 타인의 시선에 휘둘리지 않고, 자기 삶을 주체적으로 살아가기 위해서는 반드시 혼자 있는 시간이 필요하다. 오늘날 우리는 언제나 누군가와 연결되어 있다. 아침에 눈을 뜨자마자 휴대폰 화면을 확인하고, 출근길에는 메신저 알림이 쏟아진다. 일과를 마친 저녁에도 온라인 공간에서는 여전히 대화가 이어진다. 이처럼 쉼 없이 이어지는 관계의 흐름 속에서 정작 자기 자신과 단둘이 마주하는 시간은 점점 줄어들고 있다. 그러나 삶에서 혼자 있는 시간은 결코 사치가 아니다. 그것은 인간답게 살아가기 위한 필수 요소이자, 인생의 균형을 회복하는 순간이다.

혼자 있는 시간은 무엇보다도 자신을 다시 만나는 과정이다. 타인과 함께할 때 우리는 자연스럽게 어떤 역할을 수행한다. 좋은 친구, 성실한 동료, 배려심 있는 가족이라는 이름 속에서 진짜 내 모습은 가려지기 쉽다. 하지만 혼자 있을 때는 그 모든 역할이 벗겨지고, 가식 없는 나와 마주할 수 있다. 내가 진정으로 원하는 것이 무엇인지, 지금의 삶이 어디로 향하고 있는지 스스로에게 묻는 순간은 고독 속에서만 가능하다. 타인의 시선이 사라진 공간에서야 비로소 자기 삶의 방향을 점검할 수 있다. 붓다의 가르침에도 이와 같은 통찰이 담겨 있다. 외롭다고 호소한 제자에게 붓다는 이렇게 말했다.

"외로움을 피하려 하지 말고, 오히려 그것과 마주하라."

세속의 연줄과 위안을 내려놓고 홀로 앉아 자신의 마음을 관찰하는 것, 그것이 수행의 첫걸음이라는 뜻이었다. 붓다에게 외로움은 단순히 견디기 힘든 결핍이 아니라, 내면을 직시하게 만드는 문턱이었다. 외부의 인정과 관계에서 오는 안정감이 끊어졌을 때, 우리는 비로소 흔들리지 않는 내면의 진리를 마주하게 된다. 이 가르침은 고독을 두려움으로만 여기지 말고, 자기 발견의 길로 전환하라는 초대다. 타인의 기대와 역할을 모두 내려놓은 고요 속에서, 우리는 삶을 지탱하는 더 깊은 뿌리를 발견할 수 있다. 결국 외로움은 우리를 파괴하는 적이 아니라, 자기 삶의 본질로 들어가는 문이 될 수 있다.

고독은 또 다른 의미에서 사유와 창조의 토양이 된다. 사람들과의 대화가 아이디어의 단초를 제공한다면, 그것을 깊이 있게 다듬어 하나의 통찰로 만들 수 있는 자리는 오직 혼자 있을 때 마련된다. 쇼펜하우어가 말했듯, 인간은 본질적으로 고독 속에서 자기 존재와 싸우는 존재다. 위대한 철학자와 예술가들이 가장 고독한 순간에 사유를 꽃피운 것도 결코 우연이 아니다. 떠들썩한 자리에서는 생각이 흩어지고, 조용한 자리에서야 사유가 뿌리내린다.

혼자 있는 시간을 두려워하는 사람은 인간관계에서도 쉽게 휘둘린다. 외로움을 참지 못해 필요하지 않은 관계에 매달리고, 거절하지 못해 스스로를 소모한다. 반대로 고독을 감당할 줄 아는 사람은 관계에서도 독립적이다. 혼자 있어도 괜찮으므로 억지로 타인에게 매달리지 않고, 불필요한 관계를 끊어낼 수 있다. 아이러니하게도 고독을 즐길 줄 아는 사람이 오히려 더 건강한 인간관계를 맺는다. 자기 안에서 단단함을 확보했기 때문이다.

혼자 있는 시간은 삶을 회복시키는 힘을 갖고 있다. 빠듯한 일상에서 우리는 늘 외부의 요구를 충족시키느라 정작 자신을 돌보지 못한다. 그러나 잠시 멈춰 혼자의 시간을 가지면 흐트러진 균형이 다시 잡힌다. 책을 읽거나 조용히 산책을 하거나 음악을 듣는 순간, 내면의 소음은 잦아들고 삶의 결이 부드러워진다. 쇼펜하우어가 예술과 음악 속에서 인간이 잠시나마 고통을 잊을 수 있다고 말한 것도 같은 맥락이다. 고독은 마음을 정화하고 새로운 힘을 길러내는 치유의 공간이다.

무엇보다 고독은 인간을 자유롭게 한다. 관계 속에서 우리는 언제나 어떤 역할을 수행하며, 타인의 기대에 부응하려 애쓴다. 하지만 혼자 있는 동안에는 누구의 기대에도 묶이지 않고 오직 자기 자신일 수 있다. 이 자유는 인간이 자기 삶을 주체적으로 살아가는 데 필요한 자원이다. 고독을 피하려는 사람은 결국 타인의 시선과 판단에 얽매여 살지만, 고독을 받아들이는 사람은 자기 기준으로 삶을 꾸려나간다.

현대 사회는 고독을 불편한 상태로만 취급한다. 그러나 오히려 지금처럼 관계가 넘쳐나는 시대일수록 고독의 가치는 더 크다. 고독은 인간을 지치게 하는 외부의 소음을 잠재우고, 자기 자신을 되찾게 한다. 또한 깊은 사유와 창조를 가능케 하며, 건강한 관계를 맺을 수 있는 내적 단단함을 키운다. 그것은 피해야 할 고통이 아니라 반드시 지켜야 할 삶의 필수 요소다.

쇼펜하우어는 인간이 본질적으로 고독한 존재임을 인정했다. 이 진실을 부정하면 고독은 외로움이 되어 삶을 괴롭히지만, 이 진실을 받아들이면 고독은 지혜와 자유로 변한다. 결국 혼자 있는 시간을 두려워하지 않고 자기 삶의 한 부분으로 받아들일 때, 우리는 비로소 자기 자신을 만날 수 있고, 더 깊이 있는 관계를 맺으며, 자유로운 존재로 살아갈 수 있다. 혼자 있는 시간은 인생의 여백이 아니라, 그 자체로 삶의 중심이다.

"타인의 시선에 휘둘리지 않고, 자기 삶을 주체적으로 살아가기 위해서는 반드시 혼자 있는 시간이 필요하다."

"타인의 시선에 휘둘리지 않고, 자기 삶을 주체적으로 살아가기 위해서는 반드시 혼자 있는 시간이 필요하다."

인간관계에 대한 지나친 기대를 버려라

"의지가 원하는 것은 항상 삶이기 때문에, 삶이라는 것은 바로
표상에 대한 의지와 의욕이기 때문에, 우리가 '의지'라고 말하는
대신에 '살려는 의지'라고 말하는 것은 같은 것이고 중복된 언어
일 뿐이다."

– 아르투르 쇼펜하우어, 〈의지와 표상으로서의 세계〉

쇼펜하우어의 말처럼 인간은 삶을 향한 의지로 살아가지만,
그 의지가 지나치게 인간관계에 투영될 때 오히려 삶을 무겁게
한다. 결국 기대를 줄일 때 비로소 관계는 자유로워진다. 우리
는 흔히 인간관계가 인생의 전부인 것처럼 살아간다. 좋은 친
구, 이해심 많은 동료, 끝까지 믿어줄 가족을 당연하게 기대한
다. 그러나 현실은 언제나 그 기대와 어긋난다. 친했던 친구가
멀어지기도 하고, 믿었던 사람이 상처를 주기도 한다. 그때 우

리는 배신감과 분노, 허무함을 느끼며 삶 전체가 흔들리는 경험을 한다. 결국 문제는 관계 그 자체가 아니라, 관계에 두었던 과도한 기대에 있다.

쇼펜하우어는 인간이 본질적으로 자기중심적인 존재라고 보았다. 그에 따르면 사람은 누구나 자신의 욕망을 따라 움직이며, 타인의 이익을 위해 자신을 희생하는 경우는 드물다. 그렇기에 누군가가 나의 마음을 끝까지 이해해 주리라 기대하는 것은 비현실적이다. 하지만 우리는 본능적으로 그 기대를 버리지 못한다. 나를 알아주고 지지해 줄 누군가를 찾고, 거기에서 삶의 의미를 얻고 싶어 한다. 그러나 철학자의 눈으로 보면 이런 기대는 필연적으로 좌절될 수밖에 없다.

관계에 지나친 기대를 품는 순간, 우리는 끊임없이 실망한다. 작은 무례에도 크게 흔들리고, 사소한 배려 부족에도 깊이 상처받는다. 상대가 조금만 다르게 행동해도 나를 존중하지 않는다고 해석한다. 결국 타인의 말과 행동에 내 기분과 자존감이 전적으로 좌우된다. 이는 곧 내 삶의 주도권을 스스로 내어 주는 것과 같다. 인간관계가 불안정한 이유는 대부분 이 과도한 기대에서 비롯된다.

기대를 버린다고 해서 관계가 무의미해지는 것은 아니다. 오히려 기대를 내려놓을수록 관계는 더 자유로워진다. 상대가 나를 늘 이해해 줄 필요도 없고, 늘 내 곁에 있어 줄 의무도 없다는 사실을 인정하면, 우리는 상대에게 덜 집착하게 된다. 기대가 줄어들면 실망도 줄어든다. 대신 작은 관심과 사소한 배려에도 더 큰 고마움을 느낄 수 있다. 기대가 지나치게 높을 때는 결코 느낄 수 없는 만족이다.

또한 지나친 기대를 버려야 관계의 본질이 보인다. 누군가는 나와 평생을 함께할 수도 있지만, 누군가는 일정한 시기에만 스쳐 지나간다. 모두가 영원히 곁에 머물 수는 없다. 쇼펜하우어는 인간이 고독한 존재라는 사실을 직시했다. 그렇기에 우리는 관계를 삶의 유일한 기반으로 삼을 수 없다. 사람은 결국 떠날 수 있고, 변할 수 있고, 나와 다른 길을 갈 수 있다. 이를 받아들일 때 비로소 관계는 억압이 아니라 선물이 된다.

현대 사회는 인간관계를 성공의 조건처럼 포장한다. 인맥이 많아야 기회가 오고, 관계를 넓힐수록 삶이 풍요로워진다고 말한다. 그러나 실제로는 지나치게 많은 관계가 우리를 지치게 하고, 끝없는 비교와 소모로 이어진다. 기대를 버리는 것은 관계를 거부하는 것이 아니라, 오히려 관계를 제자리로 돌려놓는 일이다. 인간관계는 인생의 전부가 아니라 일부에 불과하다. 그 일부가 삶 전체를 흔들게 두어서는 안 된다.

기대를 버리면 오히려 혼자 있는 시간이 충만해진다. 더 이상 타인의 말과 행동에 매달리지 않기 때문에, 나만의 사유와 일상이 깊어진다. 혼자 있어도 괜찮고, 관계가 줄어들어도 불안하지 않다. 그때 관계는 억지로 유지해야 하는 의무가 아니라, 자발적으로 선택하는 기쁨이 된다. 관계가 줄어들더라도 삶이 무너지지 않는 이유는, 이미 혼자서도 단단히 서 있을 수 있기 때문이다.

쇼펜하우어는 인간관계에 지나친 기대를 거둘 때 비로소 자유가 시작된다고 보았다. 기대가 클수록 실망도 크고, 집착도 커진다. 하지만 기대를 줄이면 오히려 관계가 가볍고 편안해진다. 누구도 나를 완전히 채워줄 수 없다는 사실을 인정할 때, 나는 더 이상 타인에게 내 삶을 의존하지 않는다. 그 순간부터 인간관계는 필수적인 족쇄가 아니라, 선택할 수 있는 여백으로 다가온다.

결국 인간관계는 인생의 일부일 뿐이며, 절대적인 것이 아니다. 지나친 기대를 내려놓을 때 비로소 관계는 상처의 원인이 아니라 삶을 풍요롭게 하는 선물이 된다. 인간은 고독한 존재이지만, 그 고독을 직시할 때 오히려 관계 속에서 자유로워질 수 있다. 관계에 대한 기대를 버린다는 것은 사람을 포기하는 것이 아니라, 더 성숙하게 받아들이는 일이다. 타인에게서 모든 것을 얻으려 하지 않을 때, 우리는 진짜 나 자신을 지키며 살아갈 수 있다.

"기대를 내려놓을수록 관계는 더 자유로워진다. 상대가 나를 늘 이해해줄 필요도 없고, 늘 내 곁에 있어줄 의무도 없다는 사실을 인정하면, 우리는 상대에게 덜 집착하게 된다."

"기대를 내려놓을수록 관계는 더 자유로워진다. 상대가 나를 늘 이해해줄 필요도 없고, 늘 내 곁에 있어줄 의무도 없다는 사실을 인정하면, 우리는 상대에게 덜 집착하게 된다."

타인을 바꾸려 하지 말고 나를 지키자

"의지가 있으면 또한 삶, 세계가 존재한다."
– 아르투르 쇼펜하우어, 〈의지와 표상으로서의 세계〉

인간은 저마다의 의지를 따라 살아간다. 이 사실을 인정한다면, 관계에서 중요한 것은 타인을 내 뜻대로 바꾸는 것이 아니라, 내 의지를 지키고 흔들리지 않는 태도를 갖는 것이다. 많은 사람들이 인간관계에서 가장 큰 좌절을 느끼는 순간은 바로 타인이 쉽게 변하지 않는다는 사실을 깨달을 때다. 애정을 쏟고 설득해도, 누군가는 여전히 무례하고, 또 누군가는 자기 이익만을 우선시한다. 우리는 종종 이런 사람들을 바꾸고 싶어 한다. 내 방식이 옳다고 믿고, 상대도 마땅히 그렇게 살아야 한다고 생각한다. 그러나 쇼펜하우어는 인간의 본성을 냉정하게 바라보았다. 그는 인간이 철저히 자기중심적

이며, 각자 고유한 성향과 욕망에 따라 움직이는 존재라고 했
다. 그렇다면 타인을 바꾸려는 시도는 처음부터 실패할 수밖
에 없는 싸움이다.

관계에서 우리가 흔히 저지르는 실수는 상대가 바뀌면 모든
문제가 해결될 것이라고 믿는 것이다. 그러나 현실은 정반대
다. 상대를 바꾸려 할수록 갈등은 깊어지고, 결국 상처는 나에
게 돌아온다. 내가 원하는 방식대로 상대가 반응하지 않을 때
느끼는 분노와 좌절은, 결국 나를 더 약하게 만든다. 타인을 바
꾸려는 기대는 곧 스스로를 옭아매는 덫이 된다.

쇼펜하우어의 철학은 이 문제에 대한 명확한 해답을 제시한
다. 그는 인간을 바꿀 수 없다는 사실을 인정하라고 말한다. 대
신 해야 할 일은 자기 자신을 지키는 것이다. 상대가 어떤 태도
를 보이든, 내가 무너지지 않도록 나의 경계선을 세우는 것이
야말로 진짜 지혜다. 무례한 사람을 만났을 때 그를 교육하거
나 교정하려 들기보다, 내 삶에서 필요한 거리를 유지하는 것
이 현명하다. 상대의 본성을 바꾸려 하기보다, 나의 태도를 바
꾸는 편이 훨씬 현실적이고 효과적이다.

타인을 바꾸려는 집착은 결국 자기 소모로 이어진다. 계속
해서 상대를 설득하고, 바꾸려 하고, 실망하고, 분노하는 과
정에서 우리는 정작 나 자신을 돌보지 못한다. 그러나 타인을
바꾸겠다는 욕망을 내려놓으면 놀라운 자유가 찾아온다. 상
대의 행동을 통제하려는 집착이 사라지면, 내 감정도 덜 흔들

리고, 내 삶의 무게중심도 단단해진다. 결국 중요한 것은 내가 어떤 태도로 살아가느냐이지, 상대가 어떤 사람으로 변하느냐가 아니다.

관계에서 나를 지킨다는 것은 벽을 쌓는 일이 아니다. 오히려 스스로를 단단히 지킬 때 타인과 더 건강한 관계를 맺을 수 있다. 내가 무너지지 않으니, 상대의 무례에도 흔들리지 않고, 불필요한 감정 소모를 줄일 수 있다. 나를 지킨다는 것은 타인을 배제하는 것이 아니라, 나의 중심을 세우는 일이다. 중심이 단단한 사람 곁에서는 관계가 훨씬 안정적으로 유지된다.

현대 사회는 '소통'과 '변화'를 끊임없이 강조한다. 하지만 모든 소통이 변화를 만들어내는 것은 아니다. 어떤 사람은 끝내 변하지 않고, 어떤 상황은 아무리 노력해도 달라지지 않는다. 이때 필요한 것은 무모한 시도가 아니라, 자기 자신을 지키는 결단이다. 상대를 바꾸려 애쓰지 않고, 내가 지켜야 할 것들을 지켜내는 태도. 그것이야말로 성숙한 인간관계의 출발점이다.

쇼펜하우어는 인간의 본성을 바꾸는 것은 불가능하다고 했다. 그렇다면 우리가 할 수 있는 일은 오직 자신을 다스리는 것뿐이다. 내가 상대의 행동을 통제할 수 없다면, 적어도 그 행동에 어떻게 반응할지는 선택할 수 있다. 이 선택의 자유를 지킬 때 비로소 우리는 관계 속에서도 주체적인 존재로 설 수 있다.

결국 인간관계에서 가장 현명한 태도는 타인을 바꾸려 하지
않고, 나를 지키는 것이다. 타인은 언제든 변할 수 있고, 때로
는 변하지 않는다. 그러나 나 자신을 지키는 힘만은 언제나 내
안에 있다. 그 힘을 단단히 붙드는 순간, 인간관계는 더 이상
상처의 무대가 아니라, 성숙과 자유의 장으로 바뀐다.

"타인을 바꾸려는 시도는 처음부터 실패할 수밖
에 없는 싸움이다."

"타인을 바꾸려는 시도는 처음부터 실패할 수밖
에 없는 싸움이다."

관계에서 피곤하지 않은 사람이 되는 법

"살려는 의지에게는 삶이 확실하기 때문에 그리고 삶의 의지
(Lebenswilen)로 충만하게 있는 한에서, 우리는 우리의 존재에 대해서
걱정할 필요가 없는데 이것은 죽음에 직면해서도 마찬가지다."
― 아르투르 쇼펜하우어, 〈의지와 표상으로서의 세계〉

죽음 앞에서도 삶을 붙드는 힘이 '살려는 의지'라면, 관계에서
우리를 지탱하는 힘 역시 자기 안의 단단한 의지다. 이 힘을 지닐
때 우리는 불필요하게 소모되지 않고, 편안한 관계를 이어갈 수
있다. 많은 사람들이 인간관계에서 느끼는 가장 큰 어려움은 '피
곤함'이다. 상대를 배려하려다 지치고, 지나치게 신경 쓰다 스스
로 소모된다. 관계는 본래 힘을 주고받는 장이지만, 잘못 다루면
삶을 소모시키는 굴레로 변한다. 그렇다면 어떻게 해야 관계에서
피곤하지 않은 사람이 될 수 있을까? 쇼펜하우어의 철학은 이 질

문에 중요한 단서를 제공한다.

　우선 피곤함의 근원은 '과도한 의식'이다. 우리는 타인의 시선과 반응에 지나치게 예민하다. 나의 말 한마디가 어떻게 들릴지, 나의 행동이 어떤 평가를 받을지 끊임없이 신경 쓴다. 그러나 이렇게 과도하게 의식하는 태도는 나를 소모시킬 뿐만 아니라, 상대에게도 불편함을 준다. 오히려 자연스러운 태도가 관계를 편안하게 만든다. 쇼펜하우어가 강조한 것처럼, 인간은 각자 자기 욕망에 따라 움직이는 존재다. 그렇기에 모든 사람의 시선을 만족시키려는 시도는 애초에 불가능하다. 타인의 시선을 완벽히 조율하려는 집착을 내려놓을 때 비로소 관계는 가벼워진다. 심리학에서도 이 현상을 설명하는 개념이 있다. 바로 조명 효과(Spotlight Effect)다. 코넬대학교의 사회심리학자 토머스 길로비치(Thomas Gilovich)와 그의 동료들이 진행한 실험에서 처음 제시된 이 개념은, 사람들이 자신의 외모나 실수를 타인이 과도하게 주목하고 있다고 착각하는 경향을 의미한다. 예컨대 실험 참가자들에게 눈에 띄는 티셔츠를 입고 강의실에 들어가게 했을 때, 참가자들은 대부분의 사람이 자신을 주목했을 것으로 생각했지만, 실제로는 소수만이 그것을 인식하고 있었다. 이 결과는 우리가 '모두가 나를 보고 있다'고 느끼는 순간조차, 실제로는 타인들은 자기 삶에 더 집중하고 있으며 나에게 큰 관심을 두지 않는 경우가 많다는 사실을 보여준다. 즉, 우리가 관계 속에서 피곤해지는 이유는 실제 타인의 시선 때문이 아니라, 그 시선을 과장하고 확대하는 내 마음속 스포트라이트 때문이다. 따라서 진짜 자유는 타인의 평가를 완전히 없애는 데 있는 것이 아니라, 그 시선이 실제보다 훨씬 작다는 사실을 깨닫는 데 있다. 그 깨달음이 있을 때 비로소 우리는 과도한 의식을 내려놓고, 훨씬 더 가벼운 태도로 관계를 이어갈 수 있다.

또한 피곤하지 않은 사람이 되려면 '말의 절제'를 배워야 한다. 관계 속에서 말은 필요하지만, 불필요한 말은 갈등의 씨앗이 된다. 끝없는 설명, 과도한 변명, 의미 없는 잡담은 관계를 무겁게 만들 뿐이다. 말은 적더라도 진심이 담겨 있다면 충분하다. 필요 없는 말은 줄이고, 꼭 필요한 순간에만 핵심을 전할 때 오히려 신뢰가 쌓인다. 상대와의 대화에서 침묵을 두려워하지 않고, 필요한 만큼만 말하는 태도는 관계를 편안하게 유지하는 지혜다.

경계도 중요하다. 피곤한 관계의 또 다른 이유는 '경계의 부재'다. 우리는 좋은 사람이 되고 싶다는 마음에 종종 무리해서 상대의 요구를 받아들이고, 결국 지쳐버린다. 그러나 경계 없는 친절은 오래가지 못한다. 건강한 관계를 위해서는 거절할 수 있어야 한다. "지금은 어렵다"라는 짧고 단호한 한마디는 싸움을 만들지 않으면서도 내 삶을 지켜준다. 경계를 지킬 줄 아는 사람은 스스로도 편안할 뿐 아니라, 상대에게도 오히려 명확하고 믿음직하게 다가온다.

피곤하지 않은 사람은 무엇보다도 '자기 자신을 존중하는 사람'이다. 자기 삶을 존중하지 않는 사람은 관계에서도 쉽게 흔들린다. 상대의 평가와 반응에 따라 감정이 좌우되며, 결국 자존감을 잃는다. 하지만 자기 자신을 존중하는 사람은 타인의 반응에 과도하게 의존하지 않는다. 관계에서 중심을 잃지 않고, 필요할 때는 거리를 둘 수 있다. 자신을 지킬 줄 아는 사람 곁에서 다른 이들도 안정을 느낀다.

쇼펜하우어는 인간의 본성이 본질적으로 자기중심적이라고 보았다. 이 관점을 받아들이면 관계가 한결 편안해진다. 상대가 나에게만 특별히 헌신할 것이라는 기대를 버리고, 타인도 나처럼 자신의 욕망을 우선한다는 사실을 인정하는 것이다. 그 순간부터 관계는 무거운 의무가 아니라 가벼운 교류가 된다. 기대가 줄어들면 실망도 줄고, 실망이 줄면 관계는 덜 피곤해진다.

결국 관계에서 피곤하지 않은 사람이 된다는 것은 무례하거나 차갑게 굴라는 뜻이 아니다. 오히려 더 단순하고 진실하게 다가가라는 뜻이다. 불필요한 말로 스스로를 소모하지 않고, 타인의 시선에 과도하게 매달리지 않으며, 내 삶의 경계를 존중하는 태도. 그 안에서 우리는 타인과 자연스럽게 연결될 수 있다. 관계의 본질은 끊임없는 애쓰기가 아니라, 편안하게 함께 있을 수 있는 상태에 있다.

삶은 본래 고독을 품고 있고, 인간관계는 그 고독을 완전히 없애주지 못한다. 그렇다면 우리가 할 일은 관계에 모든 것을 걸며 지치지 않는 것이다. 혼자 있을 수 있는 힘을 바탕으로, 관계는 선택하고 즐기는 여백이 될 때 비로소 삶을 풍요롭게 한다. 피곤하지 않은 사람은 결국 자기 안에 고독의 공간을 지닌 사람이다. 타인을 바꾸려 하지 않고, 자신을 지키며, 자연스럽게 관계를 이어가는 사람. 그 사람이야말로 오래도록 편안한 인간관계를 만들어갈 수 있다.

"진짜 자유는 타인의 평가를 완전히 없애는 데 있는 것이 아니라, 그 시선이 실제보다 훨씬 작다는 사실을 깨닫는 데 있다."

"진짜 자유는 타인의 평가를 완전히 없애는 데 있는 것이 아니라, 그 시선이 실제보다 훨씬 작다는 사실을 깨닫는 데 있다."

사람을 끌어당기는 매력의 본질

"개체의 삶은 하나의 선물처럼 무에서 생겨나는 것이고 그런 다음에 죽음에 의해서 자신의 선물을 잃어버리고 다시 무로 되돌아가는 것이다."

— 아르투르 쇼펜하우어, 〈의지와 표상으로서의 세계〉

삶이 결국 무로 돌아가는 선물이라면, 겉모습으로 꾸민 매력은 오래 갈 수 없다. 오히려 사람을 오래 끌어당기는 힘은 자기 자신을 존중하고 진정성 있게 살아가는 태도다. 많은 이들이 인간관계에서 가장 원하는 것은 사랑받는 것이다. 좋은 인상을 남기고 싶고, 많은 이들의 호감을 얻고 싶어 한다. 그래서 우리는 외모를 가꾸고, 말솜씨를 익히며, 때로는 억지로 분위기를 맞추려 한다. 그러나 시간이 흐를수록 깨닫게 된다. 겉으로 꾸민 매력은 오래 가지 못하며, 진정으로 사람을 끌어당기는 힘은 전혀 다른 곳에서 나온다는 것을. 쇼펜하우어의 철학은 이 지점을 날카롭게 짚어낸다. 그는 인간의 본성이 이기적이라 보았지만, 동시에 진정성 있는 태도와 내적 단단함이 타인에게 강한 매력을 준다고 강조했다.

사람들은 겉으로 드러나는 화려함보다, 내면에서 풍기는 안정감에 끌린다. 외모나 언변은 처음에는 주목을 끌 수 있지만, 시간이 지날수록 관계를 유지하는 힘은 그 사람의 태도에서 나온다. 자기 삶을 스스로 존중하는 사람, 타인의 인정에 매달리지 않는 사람, 불필요하게 흔들리지 않는 사람 곁에 있을 때 우리는 편안함을 느낀다. 그 편안함이야말로 진짜 매력이다.

매력의 본질은 부족함을 감추는 데 있지 않고, 있는 그대로를 받아들이는 데 있다. 사람들은 완벽해 보이는 사람보다는, 자기 약점을 솔직히 인정하면서도 그것에 매몰되지 않는 사람에게 더 큰 호감을 느낀다. 억지로 자신을 포장하는 태도는 언젠가 드러나고 만다. 그러나 자기 자신을 온전히 받아들이는 태도는 자연스러운 힘을 발휘한다. 타인에게 보이기 위한 모습이 아니라, 진짜 자기 자신을 살아가는 모습이 매력으로 이어지는 것이다.

또한 매력은 타인에게 집중하는 태도에서 나온다. 인간은 누구나 자신의 이야기를 하고 싶어 한다. 그런 욕구를 이해하고 귀 기울여 주는 사람은 특별히 기억된다. 내 이야기를 들어주고, 내 감정을 존중해주는 사람에게 우리는 본능적으로 끌린다. 이는 말솜씨와는 무관하다. 말을 잘하지 않아도, 경청하는 태도만으로도 충분히 매력적인 사람이 될 수 있다. 오히려 필요할 때만 하는 진심 어린 한마디가 훨씬 강한 울림을 남긴다.

사람을 끌어당기는 힘은 자기 안의 여유에서도 비롯된다. 여유가 없는 사람은 늘 불안하고, 타인에게 끊임없이 확인을 구한다. 그러나 여유 있는 사람은 상대를 억지로 붙잡지 않고, 관계를 강요하지 않는다. 혼자 있어도 괜찮은 사람이기에 관계에서도 독립적이다. 이런 독립성은 상대에게 묘한 매력을 준다. 필요할 때만 다가오고, 불필요하게 집착하지 않는 태도는 오히려 관계를 오래 지속하게 만든다.

쇼펜하우어의 철학에서 중요한 메시지는, 인간은 본질적으로 고독하다는 사실이다. 이 고독을 인정하는 사람은 관계 속에서도 스스로를 잃지 않는다. 고독을 견디지 못하는 사람은 타인에게 매달리고, 끝내 지치게 하지만, 고독을 품은 사람은 타인과의 관계를 선택으로 받아들인다. 그 선택의 자유 속에서 관계는 가볍고 단단해진다. 아이러니하게도 이런 태도가 주변 사람들에게 더 큰 매력으로 다가온다.

결국 사람을 끌어당기는 매력의 본질은 외적인 화려함이나 억지 노력에 있지 않다. 자기 자신을 존중하는 태도, 타인에게 진심으로 집중하는 마음, 불필요하게 흔들리지 않는 내적 단단함, 그리고 고독을 감당할 줄 아는 여유에서 비롯된다. 이런 사람 곁에서는 누구든 편안해지고, 함께 있고 싶다는 충동을 느낀다. 매력은 보여주려는 힘이 아니라, 자연스럽게 풍겨 나오는 힘이다.

"외모나 언변은 처음에는 주목을 끌 수 있지만, 시간이 지날수록 관계를 유지시키는 힘은 그 사람의 태도에서 나온다."

"외모나 언변은 처음에는 주목을 끌 수 있지만, 시간이 지날수록 관계를 유지시키는 힘은 그 사람의 태도에서 나온다."

'적당한 거리'가 편안한 관계를 만든다

"태어남과 죽음은 바로 의지의 현상, 즉 삶에 속하는 것이며 이러한 삶은 본질적으로 자신의 개체 속에서 드러낸다."
– 아르투르 쇼펜하우어, 〈의지와 표상으로서의 세계〉

쇼펜하우어의 말은 우리에게, 아무리 친밀한 관계라도 서로를 온전히 하나로 묶을 수 없다는 사실을 일깨운다. 그렇다면 건강한 관계의 비밀은 거리를 유지하는 지혜에 있다. 좋은 관계는 가까움에서 비롯된다고 흔히 생각한다. 자주 만나고, 깊은 이야기를 나누고, 모든 것을 공유할수록 더 친밀해진다고 믿는다. 그러나 실제로는 지나친 가까움이 관계를 무겁게 만들기도 한다. 어느 순간부터 서로의 사소한 말과 행동까지 간섭하게 되고, 기대와 실망이 반복되며, 결국 피로가 쌓인다. 역설적이게도 관계를 오래 유지하게 만드는 힘은 밀착이 아니라, 오히려 적당한 거리에 있다.

쇼펜하우어는 인간관계를 설명하며 '고슴도치 딜레마'를 이야
기했다. 고슴도치들은 추위를 피하려고 서로 가까이 다가가지만,
일정한 거리 이상 좁히면 가시로 인해 서로를 상처 입힌다. 그렇
다고 멀리 떨어지면 추위 속에서 고통받는다. 결국 그들은 서로
에게 가장 덜 상처받고, 동시에 따뜻함을 나눌 수 있는 거리를 찾
아야 한다. 인간관계도 다르지 않다. 너무 가까우면 서로의 결핍
과 단점이 더 선명히 드러나 상처가 되고, 너무 멀면 고립과 소외
가 찾아온다. 편안한 관계란 언제나 이 미묘한 거리 조절 속에서
만들어진다. 국내 최고 상담학 권위자 권수영 교수는 《관계에서
거리 두기가 필요합니다》에서 이렇게 말한다.

"우리가 관계주의자로 살면서도 행복하지 않은 이유가 있다.
타인과 나 사이에 건강한 거리 두기를 하지 못하기 때문이다. 그
러다 보니 많은 사람이 만성적으로 자기주장 결핍증을 안고 살아
간다. … 자기주장이란 내가 상대방과 당당한 인격체로 만날 때
자신 있게 내세울 수 있는 자기 목소리다."

즉, 건강한 관계란 단순히 친밀함의 정도를 조절하는 것에서
멈추지 않는다. 상대와의 거리 안에서 내가 '그것(es)'으로 전락하
지 않고, 독립적인 주체로서 목소리를 내는 과정이 병행될 때 가
능하다. 고슴도치의 딜레마가 물리적 거리의 은유라면, 권수영
교수의 지적은 심리적·존재적 거리의 문제를 드러낸다. 둘을 함
께 고려할 때 우리는 관계 속에서 상처받지 않으면서도, 스스로
를 잃지 않는 균형을 찾을 수 있다.

적당한 거리가 중요한 이유는, 관계 속에서도 각자의 자율성을 보장하기 때문이다. 아무리 친한 사이라 해도 사람은 결국 독립적인 존재다. 상대가 나의 모든 것을 이해하고 채워줄 수는 없다. 그러나 우리는 종종 기대를 과도하게 키우고, 상대가 내 모든 필요를 충족시켜야 한다고 착각한다. 이때 적당한 거리는 서로의 자율성을 지켜준다. 상대에게 기대를 과하게 걸지 않고, 나 역시 상대의 삶을 침범하지 않는다. 이 여백이 있어야 관계는 숨을 쉬고 오래 지속된다.

적당한 거리는 또한 자유로운 호감을 가능하게 한다. 억지로 붙잡히는 관계는 금세 피로해지지만, 여유 있는 관계는 오히려 더 오래 이어진다. 만나지 않아도 불안하지 않고, 연락이 조금 늦어도 의심하지 않는 관계. 이런 관계는 오히려 더 편안하다. 관계가 자유로울수록 그 안에서 나누는 순간은 더욱 소중해진다. 서로가 억지로 노력하지 않아도 자연스럽게 이어지는 관계가 바로 '적당한 거리'에서 만들어진다.

또한 거리의 지혜는 갈등을 줄여준다. 너무 가까우면 작은 오해도 크게 느껴지고, 작은 차이도 큰 상처가 된다. 그러나 일정한 거리를 두면 상대의 단점을 객관적으로 바라볼 수 있다. 모든 것을 공유하려 들지 않기에 불필요한 충돌을 피할 수 있다. 거리는 서로를 무심하게 만들지 않고, 오히려 더 건강하게 연결해준다. 적당한 거리를 유지할 줄 아는 사람은 관계 속에서 자신도 지치지 않고, 상대도 편안하게 한다.

우리는 종종 거리를 두는 것을 '차갑다'고 오해한다. 하지만 거리는 결코 무관심이 아니다. 오히려 진정한 배려다. 상대에게 나의 기준을 강요하지 않고, 그 사람이 자기 삶을 살아갈 수 있도록 여백을 주는 일. 이것이야말로 존중이다. 가까움 속에 숨어 있는 집착보다, 적당한 거리 속에 깃든 존중이 관계를 훨씬 더 단단하게 한다.

쇼펜하우어가 말한 고독의 철학도 여기와 맞닿아 있다. 인간은 본질적으로 혼자일 수밖에 없는 존재이지만, 동시에 관계 속에서 살아가야 한다. 그렇다면 우리가 할 수 있는 일은 타인에게 모든 것을 걸며 매달리지 않는 것이다. 혼자 있어도 괜찮다는 힘을 바탕으로, 타인과는 적당한 거리를 유지하며 만나는 것. 그 거리에서 관계는 억압이 아니라 선택이 되고, 부담이 아니라 기쁨이 된다.

결국 편안한 관계는 가까움에서 오지 않는다. 적당한 거리에서 비롯된다. 모든 것을 함께하지 않아도 괜찮고, 매일 연락하지 않아도 흔들리지 않는 관계. 이 거리를 유지할 수 있을 때, 우리는 지치지 않으면서도 오래도록 이어지는 관계를 경험한다. 인간관계에서 가장 지혜로운 태도는 타인을 바꾸려 하거나 붙잡으려 하기보다, 서로가 숨 쉴 수 있는 거리를 인정하는 것이다. 그 적당한 거리 속에서 우리는 오히려 더 깊은 친밀감을 발견하게 된다.

"편안한 관계란 언제나 이 미묘한 거리 조절 속
에서 만들어진다."

"편안한 관계란 언제나 이 미묘한 거리 조절 속
에서 만들어진다."

인간관계를 정리하는 용기

"우리는 죽음에 있어서도 두려워할 필요가 없다."

– 아르투르 쇼펜하우어, 〈의지와 표상으로서의 세계〉

쇼펜하우어가 말했듯, 죽음조차 두려워하지 않아야 한다면, 관계의 끝맺음 역시 두려워할 필요가 없다. 삶의 일부로서 찾아오는 이별을 담담히 받아들이는 태도야말로 성숙한 용기다. 우리는 살아가면서 수많은 사람을 만난다. 어린 시절 친구에서부터 직장 동료, 다양한 사회적 관계에 이르기까지 인생은 끊임없는 만남으로 이루어진다. 그러나 모든 만남이 평생 이어지는 것은 아니다. 어떤 관계는 시간이 지나면서 자연스럽게 멀어지고, 또 어떤 관계는 애써 이어가려 할수록 나를 소모시키기도 한다. 그럼에도 우리는 관계를 정리하는 일을 유난히 두려워한다. 혹시 내가 나쁜 사람으로 보일까, 혼자가 될까, 다시는 새로운 관계를 맺지 못할까 두려워서 억지로 끌고 간다. 하지만 진짜 용기는 때로 관계를 이어가는 것이 아니라, 정리하는 데 있다.

쇼펜하우어는 인간의 본성이 자기중심적임을 강조하며, 타인에게 지나친 기대를 거두라고 말한다. 그의 관점에서 본다면, 관계를 정리한다는 것은 상대를 미워해서가 아니라, 스스로를 지키기 위한 선택이다. 인간은 누구나 자신의 욕망에 따라 움직인다. 따라서 누군가의 행동이 나를 끊임없이 소모시키고 상처 주는데도, '언젠가 달라질 것'이라 믿으며 관계를 붙잡는 것은 오히려 비합리적이다. 바뀌지 않을 본성을 억지로 바꾸려 하기보다, 그 관계에서 물러나는 것이 현명하다.

관계를 정리하는 용기는 곧 자기 존중에서 비롯된다. 내가 소중하지 않다면 굳이 나를 힘들게 하는 사람을 곁에 두어야 할 이유가 없다. 그러나 많은 사람들은 외로움이 두려워, 또는 사회적 시선이 불편해 쉽게 관계를 끊지 못한다. 그 결과 불필요한 모임과 피곤한 만남에 자신을 소모한다. 인간관계의 질은 양에서 나오지 않는다. 진짜 나를 존중해주는 몇 명과의 관계만으로도 삶은 매우 충만하다. 관계를 줄이는 일은 나를 고립시키는 것이 아니라, 오히려 나를 회복시키는 과정이다.

관계를 정리하는 것은 상대를 배척하는 일이 아니라, 내 삶의 경계를 분명히 하는 일이다. 어떤 관계는 나에게 배움과 기쁨을 주지만, 어떤 관계는 나를 끊임없이 불안하게 만든다. 이 구분을 명확히 하지 못하면 결국 모든 관계가 나를 짓누른다. 정리의 용기는 바로 이 선을 그어주는 힘이다. 불필요한 관계를 걷어낼 때 남는 것은 고독이 아니라, 오히려 더 선명해진 삶의 무게중심이다.

물론 관계를 정리하는 일은 쉽지 않다. 상대가 상처받을까 두렵고, 미안한 마음도 든다. 그러나 끝까지 붙잡는 것이 반드시 상대를 위한 배려는 아니다. 서로가 불편한 관계를 억지로 이어가는 것은 오히려 더 큰 상처를 만든다. 때로는 물러남이 가장 큰 존중이 될 수 있다. 쇼펜하우어가 말했듯, 인간은 본질적으로 고독한 존재다. 이 사실을 받아들일 때, 우리는 억지로 모든 관계를 붙잡지 않고, 진정으로 필요한 연결만 지켜낼 수 있다.

관계를 정리하는 용기는 결국 자기 삶을 선택하는 용기다. 타인의 기대와 시선을 의식하지 않고, 내 삶의 주인이 되겠다는 결단이다. 불필요한 관계를 정리할 때 비로소 새로운 관계가 들어올 자리가 생긴다. 억지로 끌고 가던 짐을 내려놓을 때, 우리는 한결 가벼운 걸음으로 삶을 살아갈 수 있다.

인간관계는 붙잡는 힘만으로 유지되지 않는다. 놓아줄 줄 아는 지혜, 정리할 줄 아는 용기가 필요하다. 모든 관계를 붙잡으려는 사람은 결국 지치지만, 버릴 줄 아는 사람은 오히려 더 단단해진다. 진짜 용기는 떠나보내는 데 있고, 진짜 성숙은 불필요한 관계를 과감히 걷어낼 때 찾아온다.

"진짜 나를 존중해주는 몇 명과의 관계만으로도
삶은 충분히 충만하다."

"진짜 나를 존중해주는 몇 명과의 관계만으로도
삶은 충분히 충만하다."

결국 가장 중요한 관계는 '나 자신'과의 관계

"삶은 짧고 진리는 광범위하게 영향을 미치고 오랫동안 생명력을 갖는 것이다."

— 아르투르 쇼펜하우어, 〈의지와 표상으로서의 세계〉

쇼펜하우어가 지적했듯, 유한한 삶에서 진짜 오래 남는 것은 외부가 아니라 내면이다. 이는 곧 우리가 수많은 인간관계를 맺더라도, 끝내는 자기 자신과의 관계가 가장 중요한 이유를 설명해 준다. 인간은 태어나면서부터 관계에 들어간다. 가족이라는 울타리에서 시작해, 친구와 동료, 사회적 연결 속에서 살아간다. 우리는 끊임없이 타인과 관계 맺고, 그 속에서 기쁨과 슬픔을 동시에 경험한다. 그러나 쇼펜하우어의 철학을 곱씹어 보면, 모든 관계의 중심에는 단 하나의 관계가 있다는 사실을 알 수 있다. 그것은 바로 나 자신과의 관계다. 이 관계가 건강하지 않으면, 어떤 인간관계도 오래 지속되기 어렵다.

사람들은 흔히 좋은 인간관계를 맺기 위해 타인을 이해하는 법, 배려하는 법, 소통하는 기술을 배우려 한다. 물론 이런 노력도 필요하다. 하지만 자기 자신과 불편한 사람은 결국 타인과도 불편해진다. 자기 자신을 존중하지 않는 사람은 타인의 존중을 기대할 수 없고, 자기 자신을 사랑하지 않는 사람은 타인의 사랑을 건강하게 받아들일 수 없다. 나 자신과의 관계가 기초가 되지 않으면, 외부의 관계는 불안정한 모래성에 불과하다.

혼자 있는 시간의 가치를 인정하는 것도 결국 자기 자신과의 관계를 세우는 과정이다. 고독 속에서 우리는 타인의 목소리가 아니라 내면의 목소리에 귀 기울인다. 내가 진정으로 원하는 것이 무엇인지, 무엇을 두려워하는지, 어떤 삶을 살아가고 싶은지 묻는 시간은 나와의 대화다. 이 대화가 깊어질수록 자기 자신과의 관계는 단단해지고, 외부의 관계에도 흔들리지 않는 중심이 생긴다.

나 자신과의 관계를 맺는다는 것은 자기 삶을 존중하는 일이다. 내가 무엇을 좋아하고, 무엇에 지쳐 있는지 세심하게 살피는 것은 결코 이기적인 태도가 아니다. 오히려 타인과 건강하게 관계 맺기 위한 첫걸음이다. 자기 욕구를 무시한 채 끝없이 타인만 배려하는 사람은 결국 지쳐서 무너진다. 그러나 자기 욕구를 솔직히 인정하고 스스로를 돌보는 사람은 타인과의 관계에서도 여유를 유지할 수 있다. 자기 존중은 이기심이 아니라, 성숙한 인간관계의 출발점이다.

또한 나 자신과의 관계는 나를 지켜내는 힘이 된다. 인간관계는 언제든 깨지고, 사람은 변할 수 있다. 그러나 자기 자신과의 관계만은 평생 지속된다. 타인이 떠나도, 상황이 변해도, 나 자신은 끝내 나와 함께 남는다. 그렇기에 가장 중요한 관계는 외부가 아니라 내부다. 타인을 바꾸려 애쓰는 대신, 나를 지키는 것에 집중할 때 비로소 삶은 안정된다. 스스로와의 관계가 단단하면, 외부의 관계도 훨씬 더 건강하고 자유롭게 유지된다.

쇼펜하우어가 말한 인간의 고독은 바로 이 진실을 일깨운다. 인간은 본질적으로 혼자일 수밖에 없는 존재이지만, 그것은 두려움의 근원이 아니라 자유의 기반이 될 수 있다. 고독을 받아들이고 자기 자신과 화해할 때, 우리는 타인에게 불필요하게 매달리지 않는다. 외로움에 떠밀려 관계를 이어가는 것이 아니라, 선택과 존중 속에서 관계를 맺는다. 이 차이는 삶을 가볍게 만들고, 인간관계를 더욱 편안하게 한다.

결국 가장 중요한 관계는 나 자신과의 관계다. 내가 나를 존중하고, 스스로를 사랑하며, 내 삶의 방향을 분명히 할 때, 다른 모든 관계도 제자리를 찾는다. 반대로 나 자신과의 관계가 불안정하면, 아무리 많은 관계를 맺어도 채워지지 않는다. 타인에게서 끊임없이 확인을 구하고, 끝내는 실망하게 된다. 나 자신과의 관계를 단단히 세우는 순간, 인간관계는 억지로 붙잡아야 하는 의무가 아니라, 삶을 풍요롭게 하는 선택이 된다.

"쇼펜하우어의 철학을 곱씹어 보면, 모든 관계의 중심에는 단 하나의 관계가 있다는 사실을 알 수 있다. 그것은 바로 나 자신과의 관계다. 이 관계가 건강하지 않으면, 어떤 인간관계도 오래 지속되기 어렵다."

"쇼펜하우어의 철학을 곱씹어 보면, 모든 관계의 중심에는 단 하나의 관계가 있다는 사실을 알 수 있다. 그것은 바로 나 자신과의 관계다. 이 관계가 건강하지 않으면, 어떤 인간관계도 오래 지속되기 어렵다."

이제는 나를 이해할 차례입니다

책을 쓰며 가장 많이 떠올린 문장은 쇼펜하우어의 말이었습니다. "한 사람이 자기 자신 안에서, 그리고 자기 자신을 위해 어떤 존재인지를 타인의 시선 속에서의 가치와 적절히 비교할 줄 안다면, 그것은 우리의 행복에 크게 기여할 것이다."

처음 이 문장을 읽었을 때는 그저 당연한 이야기처럼 느껴졌습니다. 그러나 원고를 완성할수록, 이 짧은 문장의 무게가 점점 달라졌습니다. 인간관계에서 겪은 대부분의 상처는 타인의 문제가 아니라 '나를 바라보는 나의 방식'에서 비롯된 것이었습니다. 우리는 타인의 평가 속에서 자신을 확인하려 하고, 누군가의 인정 속에서 존재 가치를 증명받으려 합니다. 하지만 그 모든 시선의 중심에는 언제나 '나 자신'이 있습니다. 결국 관계란 타인을 이해하는 과정이 아니라, 자신을 이해하기 위한 거울과도 같습니다.

이 책을 통해 전하고 싶었던 메시지는 단순합니다. 인간관계는 해결해야 할 문제가 아니라, 살아가며 다뤄야 할 과제라는 것입니다. 완벽한 관계를 꿈꾸기보다, 불완전한 관계 속에서도 자신을 잃지 않는 법을 배우는 것. 그것이 우리가 도달해야 할 성숙의 형태라고 생각합니다. 관계에서 진짜 지혜란 타인을 바꾸는 것이 아니라, 나를 지키는 일이며, 세상을 향한 기대를 줄이는 대신 자신에 대한 이해를 넓히는 일입니다.

책을 쓰는 내내 관계 속에서의 나를 돌아보았습니다.

누군가에게 맞춰 살던 나, 좋은 사람으로 보이기 위해 스스로를 깎아내리던 나, 그리고 외로움을 피하려다 오히려 더 깊은 고립에 빠졌던 나를 마주했습니다. 그런 시간들을 지나면서 깨달은 것은 하나였습니다. 행복은 타인의 시선 속에 있지 않으며, 오직 나 자신을 이해하는 깊이만큼 도달할 수 있는 내면의 상태라는 것입니다.

쇼펜하우어가 말한 '비교'는 단순한 가치의 저울질이 아닙니다.

그것은 타인의 시선 속 '나'와, 나 스스로 인식하는 '나' 사이의 균형을 되찾는 일입니다. 이 균형을 잃으면 타인의 시선에 끌려다니며, 그 균형을 되찾으면 비로소 내면의 평화를 얻게 됩니다. 타인의 인정이 아닌 자기 자신의 기준으로 자신을 바라볼 때, 관계는 더 이상 상처의 원인이 아니라 성찰의 기회가 됩니다.

이 책은 철학을 다루지만, 결국 삶의 이야기입니다.

관계의 어려움 속에서 철학을 붙잡았고, 철학 속에서 인간을 다시 배웠습니다. 완벽한 인간도, 완벽한 관계도 없습니다. 다만 조금 더 이해하고, 조금 덜 기대하며, 조금 더 자신에게 관대해지는 것. 그것이면 충분합니다.

우리는 누구와도 완벽히 맞지 않지만, 누구와도 완전히 어긋나지도 않습니다. 사람 사이의 틈은 불편하지만, 그 틈이 있기에 우리는 서로에게 다가갈 수 있습니다. 관계 속에서 적당한 거리를 유지하는 법을 배우는 것이, 곧 자기 자신과의 관계를 회복하는 길입니다.

마지막으로, 이 책이 나오기까지 함께 걸어온 모든 이들에게 감사의 마음을 전합니다.

집필의 과정은 결코 혼자의 여정이 아니었습니다. 글을 쓰는 동안 여러 차례 멈추고 다시 쓰는 시간을 가졌지만, 그 모든 과정이 제 안의 '관계'를 돌아보는 시간이었습니다. 무엇보다도, 이 책을 손에 들고 끝까지 읽어주신 독자님께 가장 큰 감사를 드립니다.

여러분이 지금 인간관계로 지쳐 있다면, 이 말을 꼭 전하고 싶습니다.

"타인을 이해하려 애쓰기보다, 나를 이해하려는 시도를 시작해 보세요. 그 순간 여러분의 인간관계는 자유로워질 것입니다."